Wolfgang Günter

Taube, Löwe, Kreuz und Anker

Christliche Symbole und ihre Bedeutung

scm R.Brockhaus

Abkürzungen für verwendete Bibelübersetzungen:
NL = Neues Leben. Die Bibelübersetzung, © 2002 und 2005 Hänssler Verlag, Holzgerlingen.
EÜ = Einheitsübersetzung der Heiligen Schrift, © 1980 Katholische Bibelanstalt, Stuttgart
LUT = Lutherbibel, revidierter Text 1984, durchgesehene Ausgabe in neuer Rechtschreibung, © 1999 Deutsche Bibelgesellschaft, Stuttgart
ELB = Elberfelder Bibel, © 1985/1991/2006, R. Brockhaus Verlag, Wuppertal

Umschlag und Symbole: Dietmar Reichert, Dormagen
Satz: Breklumer Print-Service, Breklum
Druck: Ebner & Spiegel, Ulm
ISBN 978-3-417-24987-3
Bestell-Nr. 224.987

INHALT

VORWORT

Eine Welt, in der wir uns nur mit abstrakten Begriffen verständigten, wäre weder erstrebenswert noch vorstellbar. Denn schon im täglichen Leben verwenden wir immer wieder, oft ohne uns dessen bewusst zu sein, bildhafte Ausdrücke. Wir »begreifen« zum Beispiel etwas – das heißt doch nichts anderes, als dass wir in Gedanken etwas in die Hand nehmen und mit den Fingern darüber fahren, bis »der Groschen fällt«.

Auch in der Bibel finden wir auf jeder Seite Symbole und Vergleiche, weil es uns so leichter fällt, das, was wir glauben, nun ja, eben zu »begreifen«. Einige von ihnen werden auf den folgenden Seiten vorgestellt. Bei Weitem nicht alle, denn dies ist weder ein Lexikon mit dem Anspruch auf Vollständigkeit noch ein theologisches Lehrbuch. Es soll eher ein Lesebuch sein, anhand dessen man sich über altbekannte und auch einige überraschende Symbole und Bilder informieren kann. Manche stammen direkt aus der Bibel, manche sind erst irgendwann im Laufe der Kirchengeschichte aufgetaucht und wieder in der Versenkung verschwunden. Manche Gegenstände wurden zur Zeit des Alten Testaments für symbolische Handlungen eingesetzt, das heißt, tatsächlich in die Hand genommen und gebraucht, wie etwa das Salz, das man auf die im Tempel dargebrachten Opfer streute (und gelegentlich auch auf ein Schlachtfeld), während sie im Neuen Testament nur noch als Vergleich und Bild vorkommen, das heißt in der gesprochenen Rede, ohne dass man dabei das tatsächlich existierende Objekt vor Augen haben musste. Manche Symbole dagegen hielten sich durch die gesamte biblische Zeit bis heute, wie zum Beispiel Brot und Wein, mit denen wir Abendmahl feiern. Und oft wird man entdecken, dass ganz unterschiedliche Symbole zusammengehören: das Kreuz mit dem Blut und dem Lamm, Wasser und Bäume, Hirte und Schaf.

Symbole müssen gedeutet werden, weil sich ihre Bedeutung nicht unmittelbar erschließt und uns aus der heutigen Perspektive auch mitunter nicht plausibel erscheint. Wer würde zum Beispiel heute auf die Idee kommen, den Pelikan als ein Symbol für Christus zu betrachten? Andererseits kannten auch die nicht jüdischen und nicht christlichen

Völker die gleichen Symbole, füllten sie jedoch mit anderem Inhalt, wie zum Beispiel den Regenbogen.

Wenn Sie die vielen Geschichten rund um Symbole und Bilder faszinieren, sind Sie hier richtig! Die folgenden Seiten widmen sich dieser Spurensuche in Bibel, Kirchengeschichte und auch den nicht jüdischen und nicht christlichen Kulturen. Nebenbei fallen einige eher irrelevante Bildungsbrocken ab: Man erfährt, wann die Blutwurst zum ersten Mal in der Literatur erwähnt wurde, in welchem Verhältnis die Griechen ihren Wein mit Wasser mischten und was wirklich von der angeblich überragenden Intelligenz der Delfine zu halten ist, um nur einige Beispiele zu nennen. Willkommen auf dieser Entdeckungsreise!

Anker

Ein Schiff ohne Anker ist einem Sturm auf dem Meer hilflos preisgegeben. Wenn der Anker jedoch bei schwerem Seegang herabgelassen wird, hält er durch sein Gewicht das Schiff stabil und verhindert, dass es abtreibt und strandet. So galt er in der Antike als Zeichen der Rettung aus Seenot. Der Anker war das letzte verzweifelte Mittel, ein Schiff vor dem Untergang zu bewahren. Lukas selbst berichtet in Apostelgeschichte 27 von einer solchen dramatischen Begebenheit. Paulus sollte als Gefangener nach Rom überführt werden, doch die Reise fand zunächst in der Nähe von Malta ein jähes Ende: Das Schiff geriet in einen schweren Wintersturm und drohte auf die Klippen zu laufen. Die Seeleute ließen vier Anker herab, wobei es sich nicht um die uns bekannten Anker handelte, die bis auf den Grund hinabgelassen werden, sondern um Treibanker, die allein durch ihr Gewicht das Schiff auf Kurs hielten.

Erstaunlich eigentlich, dass ein so nützliches und uraltes Hilfsmittel die gesamte Antike hindurch keine besondere symbolische Bedeutung besaß, die über das nahe liegende Sinnbild der Rettung aus Seenot hinauswies. Erst im Hebräerbrief bezeichnet der Verfasser die Hoffnung als »sicheren und festen Anker unserer Seele« (Hebräer 6,19; LUT). Von da an jedoch ging es Schlag auf Schlag. In den römischen Katakomben, den Begräbnisstätten der Christen in der Hauptstadt des Römischen Reichs, finden sich an die Wände gezeichnete Anker neben Christussymbolen wie Lamm, Pelikan oder dem guten Hirten. Neben diesen Anker-Graffiti in den Katakomben ist oft eine Inschrift angebracht: *SPES IN DEO* oder *SPES IN CHRISTO* – »Hoffnung auf Gott« beziehungsweise »Hoffnung auf Christus«. Daneben konnte der Anker sich jedoch auch auf Gott selbst als Anker in den Stürmen des Lebens beziehen oder auf die Gebote, die einen Menschen, der sich nach ihnen richtet, auf dem richtigen Kurs halten und ein Abdriften verhindern. Bis zum fünften nachchristlichen Jahrhundert blieb dieses Symbol in der Christenheit lebendig. Danach geriet es in Vergessenheit, bis man es um das fünfzehnte Jahrhundert herum wiederentdeckte.

Auch im nicht christlichen Bereich wurde dieses Symbol aufgegriffen. Nach dem Tod Konstantins, des ersten römischen Kaisers, der das Christentum nicht nur zuließ, sondern nachhaltig förderte, bestieg sein Neffe Julian den Thron. Seine feindliche Einstellung dem christlichen Glauben gegenüber trug ihm den Beinamen Apostata (»der Abgefallene«) ein. Auf ihn geht die Bemerkung zurück, die Weisungen des Mithras (einer persischen Gottheit) seien ein sicherer Anker.

Heute spielt der Anker als Symbol der Hoffnung weder im Juden- noch im Christentum eine besondere Rolle.

Baum

»Bäume, in die Hände klatschend.« Man könnte sich diese Worte gut als Titel eines surrealistischen Gemäldes in einer übergeschnappten Großstadtgalerie denken. Tatsächlich aber handelt es sich um ein biblisches Bild. In Jesaja 55 stimmt die ganze Schöpfung in einen Lobgesang ein, weil Gott alle Menschen zu sich einlädt; nicht nur die Bäume applaudieren, sondern auch Hügel und Berge brechen in Jubel aus.

An anderen Stellen der Bibel stehen Bäume symbolisch für Menschen, so etwa in Psalm 1,3: Ein Mensch, der Gottes Willen tut, gleicht einem »Baum, der am Flussufer wurzelt und Jahr für Jahr reiche Frucht trägt« (NL). Sofort fällt hier der Zusammenhang zwischen einem Baum, der gute Früchte trägt, und dem ebenfalls symbolschwangeren Wasser auf. Nun sprengt es naturgemäß die Grenzen dieses Bildes, wenn man eine Entsprechung zur moralischen Verantwortung des Menschen in einer Grünpflanze sucht. Doch wie die ethischen Entscheidungen eines Menschen gute oder schlechte Konsequenzen bewirken, kann ein Baum genießbare oder faule Früchte tragen. Darauf kommt die Bibel an mehreren Stellen zu sprechen, im Alten Testament im Gleichnis vom unfruchtbaren Weinberg (Jesaja 5), das erzählt, wie ein Weingärtner hingebungsvoll auf seinem Weinberg arbeitet. Doch die Weinstöcke bringen nur saure, schlechte Beeren hervor. Da reißt der Weingärtner die Mauern ein, sodass wilde Tiere eindringen können: Hier wird niemals mehr etwas wachsen. Dieses Gleichnis ist auf das Volk Israel gemünzt, das sich immer wieder von Gott abwandte. Ein ähnlich gelagertes Gleichnis erzählt Jesus, nur dass in diesem Fall ein Feigenbaum die traurige Hauptrolle spielt (Lukas 13) und nach einer letzten Schonfrist wegen mangelnden Ertrages gefällt werden soll.

Feigenbaum und Rizinus

Um einen Feigenbaum geht es auch in einer in den Evangelien berichteten Begebenheit, und damit schneiden wir ein neues Unterthema an: Bäume, von denen nicht nur im Gleichnis erzählt wird, sozusagen virtuelle Flora, sondern diejenigen, die in einer Geschichte leibhaftig auftauchen und buchstäblich zum Opfer einer symbolischen Handlung werden.

Ein Abschnitt in Matthäus 17 erzählt, wie Jesus hungrig wird und an einem Feigenbaum nach Früchten sucht – doch er findet nichts Essbares, nur Blätter. Daraufhin verflucht er den Feigenbaum, und am nächsten Morgen ist er tatsächlich verdorrt. Die Parallelstelle in Markus fügt eine kleine Bemerkung an, dass es überhaupt nicht die Zeit für Feigen war. Kein Wunder also, dass man vergeblich nach Früchten suchte. Aber, und das ist der Punkt, den Jesus seinen Jüngern verdeutlichen will, es ist sehr wohl ein Wunder, dass der Baum auf das Wort Jesu hin verdorrt. Denn, so versucht er seinen Jüngern klarzumachen, der Glaube kann solche Wunder bewirken.

Noch eine zweite Geschichte gibt es, in der ein Strauch eingeht, um eine Lehre deutlich zu machen. Es geht um Jona, der von Gott den Auftrag bekommt, die böse Stadt Ninive zur Buße zu rufen. Jona sträubt sich gegen die Aufgabe und flieht auf einem Schiff übers Mittelmeer. Nach allerlei Ungemach und drei Tagen im Fischbauch wird er aufs Land gespuckt, macht sich nun doch auf nach Ninive und verkündet allen, dass Gott die Stadt zerstören wird, wenn die Einwohner nicht endlich ihr Leben ändern. Dann setzt er sich in sicherer Entfernung vor den Stadtmauern hin und wartet auf die Katastrophe. Doch die trifft nicht ein, weil die Leute von Ninive tatsächlich Buße getan haben. Jona wird missmutig: Warum ist Gott nur immer so großmütig? Hätte Jona das gewusst, hätte er sich beim Predigen wohl nicht so viel Mühe gegeben. Doch Gott lässt einen Rizinus wachsen, damit Jona wenigstens ein bisschen im Schatten sitzen kann – und hat dabei schon eine pädagogische Absicht im Sinn. Im Morgengrauen schickt er nämlich einen Wurm, der den Rizinus anknabbert, sodass er verdorrt. Wieder wird Jona zornig: Die Sonne sticht, der heiße Ostwind weht, und ihm ist elend. Und nun der springende Punkt –

Gott stellt Jona zur Rede: Wenn es ihm um einen kleinen Rizinusstrauch leidtut, warum sollte es Gott dann nicht um eine ganze Stadt leidtun?

Anfang und Ende der Zeiten

Bäume klammern die ersten und letzten Seiten der Bibel symbolisch zusammen. Die Schöpfungsgeschichte erzählt von der Erschaffung der Bäume am dritten Tag, und im Garten Eden standen sowohl der Baum der Erkenntnis, dessen Frucht Adam und Eva zum Sündenfall verleitete, als auch der Baum des Lebens. Nebenbei bemerkt: Die Bibel sagt nichts von einem Apfel, sondern spricht lediglich von einer Frucht. Am Ende der Bibel, im letzten Kapitel, wird dieser Baum des Lebens im himmlischen Jerusalem noch einmal erwähnt: Zwölfmal im Jahr trägt er Frucht, und seine Blätter, so sagt Johannes, dienen der Heilung der Völker. Eine ähnliche Vision hatte schon Hesekiel gesehen: An dem Fluss, der sich aus dem Tempel ergießt, wächst ein Baum, der jeden Monat frische Früchte trägt, die als Heilmittel dienen (Hesekiel 47).

Baumkult

Eins aber haben alle Bäume, die in der Bibel symbolisch oder bildhaft gebraucht werden, gemeinsam: Sie gelten immer als Werke Gottes. Andere Völker, die in der Zeit des Alten Testaments dieselben Breiten wie die Israeliten bewohnten, teilten diese Meinung durchaus nicht immer. Sie beteten Bäume an, brachten dort ihre Opfer dar und verwechselten so das Geschöpf mit dem Schöpfer – eine Praxis, die beispielsweise in Hesekiel 6,13 scharf kritisiert wird. Auch in Germanien war eine Spielart dieser sogenannten »Vegetationsmagie« durchaus populär. Noch heute zeugt der Maibaum davon, ohne dass man sich dieser Ursprünge noch bewusst wäre.

Baumgeburtstag

Im christlichen Symbolgebrauch spielen Bäume heute keine besondere Rolle mehr – mit Ausnahme des Weihnachtsbaums, obwohl er abgesehen von seiner Verbindung mit einem christlichen Fest keine besonderen religiösen Wurzeln hat. Im Judentum dagegen begeht man bis heute am 15. Schevat (im Januar oder Februar) das Fest *Tu bi-Schevat*. Es hat seinen Ursprung in der Vorschrift, dass man die Frucht eines Baums erst genießen darf, wenn er älter als drei Jahre ist (3. Mose 19,23). Da dies in der Praxis schwierig zu handhaben ist, feiert man bei diesem Fest mit einem Schlag alle Baumgeburtstage im Land – selbstverständlich mit einem Festmahl aus Obst. Darüber hinaus setzen Kinder überall im Land Stecklinge, und so hat sich Tu bi-Schevat zu einem nationalen Baumpflanztag entwickelt.

Blut

In jedem jüdischen Haushalt, in dem man sich streng nach den Speisevorschriften (der sogenannten Kaschrut) richtet, ist die Zubereitung von Fleischgerichten eine komplizierte Angelegenheit. Zunächst einmal muss das Tier ordnungsgemäß geschlachtet worden sein, nämlich von einem Schächter, der ihm mit einer Klinge ohne jegliche Scharte die Halsschlagader mit einem schnellen Schnitt durchtrennt, sodass das Tier nicht unnötig leiden muss und vollständig ausbluten kann. In der Küche wird es zunächst in einer besonderen Schüssel eingeweicht, dann mit grobem Salz bestreut und auf ein geneigtes Brett gestellt, um auch die kleinsten Blutreste zu entfernen. Denn das Blut gilt als Sitz des Lebens, und alles Leben gehört Gott. Daher darf man es unter keinen Umständen verspeisen. Dieses Gebot findet sich in der Bibel zum ersten Mal in der Noahgeschichte, später unter anderem in 5. Mose 12,23f: »Nur halte fest daran, kein Blut zu essen! Denn das Blut ist die Seele, und du sollst nicht die Seele mit dem Fleisch essen, du sollst es nicht essen; auf die Erde sollst du es gießen wie Wasser« (ELB).

Auch in anderen Kulturkreisen wusste man um die dem Blut innewohnende Lebenskraft – nicht zuletzt, weil man beobachtet hatte, dass die vom Speer durchbohrte Jagdbeute (oder den Gegner im Kampf auf dem Schlachtfeld) mit dem Ausfließen des Blutes die Lebensgeister verließen. Ein in jeder Hinsicht blutrünstiges Epos stellt die *Ilias* des Homer dar. Von den unzähligen Belegstellen sei hier nur eine Kostprobe der harmloseren Sorte vorgestellt: »Und nun ritzte der Pfeil die obere Haut des Atreiden / Dass ihm sogleich vorströmte das dunkelnde Blut aus der Wunde«, heißt es im vierten Gesang. Dennoch gab es bei den alten Griechen kein Verbot, das Blut eines geschlachteten Tiers zu genießen. Ganz im Gegenteil, im zweiten berühmten homerischen Epos, der Odyssee, findet sich die erste (und möglicherweise letzte) Erwähnung der Blutwurst in der Weltliteratur, und zwar im achtzehnten Gesang: »Hier sind Ziegenmagen, mit Fett und Blute gefüllet / Die wir zum Abendschmaus auf glühende Kohlen geleget. / Wer nun am tapfersten kämpft, und seinen Gegner besieget; / Dieser wähle sich selbst die beste der bratenden Würste.« In den Adern der Götter allerdings, obwohl man sie sich durchaus in menschlicher Gestalt vorstellte, floss kein Blut wie bei den Sterblichen: »Klarer Saft, wie den Wunden der seligen Götter entfließet; / Denn nicht essen sie Brot, noch trinken sie funkelndes Weines; / Blutlos sind sie daher, und heißen unsterbliche Götter«, um noch ein letztes Mal Homer zu zitieren. Die menschlichen Schattenwesen im Hades, dem Totenreich, ernährten sich der Auffassung des antiken Griechenlands zufolge von Widderblut, und man hing auch dem Glauben an, man könne Epileptiker durch das Einflößen von frischem Blut aus der Bewusstlosigkeit reißen.

Die vier Temperamente

Im Altertum schrieb man dem Blut noch eine weitere Eigenschaft zu. Man ging davon aus, dass es für das Temperament mancher Menschen verantwortlich sei. Insgesamt waren es vier Körpersäfte, die im Menschen zirkulieren: neben dem Blut die schwarze Galle, Galle und Schleim. Bei jedem Menschen, so glaubte man, habe einer dieser Säfte die Oberhand und bestimme so das Temperament: Beim Sanguiniker (vom lateinischen *sanguis* abgeleitet) war es das Blut, das einen Menschen warmherzig und lebenslustig machte; beim Choleriker (abgeleitet vom griechischen *chole*) die Galle, die ihn jähzornig aufbrausen ließ; den Melancholiker ließ die schwarze Galle (*melan* ist das griechische Wort für »schwarz«) in Schwermut versinken, während den Phlegmatiker das *phlegma*, ein vermeintlich im Gehirn produzierter zähflüssiger Schleim, unbeweglich und desinteressiert mache. Die hinter dieser Typologie stehende Viersäftelehre hat, wie wir heute wissen, kaum eine naturwissenschaftliche Grundlage; die Einteilung in diese vier Temperamente hat sich jedoch bis heute behaupten können, obwohl es vonseiten der Psychologie viele Versuche gegeben hat, neue und plausiblere Klassifizierungen in die Diskussion zu bringen.

Das Blut auf dem Altar

Um 1400 v.Chr.: Der Pharao wollte das Volk Israel nicht ziehen lassen. Schon vierhundertdreißig Jahre hatten sie als Sklaven für die Ägypter geschuftet. Doch nun hatte Gott einen Befreier erwählt, Mose, der das Volk aus Ägypten in das verheißene Land führen sollte. Der Pharao aber sperrte sich, wollte er doch auf die billigen Arbeitskräfte nicht verzichten. Neun Plagen gingen fast spurlos an ihm vorüber, darunter so unerfreuliche wie Frösche, Heuschrecken und Stechmücken. Die zehnte Plage aber, die Tötung aller Erstgeburt in Ägypten durch einen Engel des Herrn, sollte seine Meinung ändern. Die Israeliten bereiteten sich in dieser Nacht auf die Flucht vor. Sie sammelten ihre Habe und setzten sich reisefertig an den Tisch. Vor allem aber bestrichen sie ihre Türpfosten mit dem Blut eines geschlachteten Lamms – das war das Zeichen für den Todesengel, an diesem Haus vorüberzugehen und die erstgeborenen Söhne zu verschonen. Auch hier war das stellvertretend für die Israeliten vergossene Blut der Schlachttiere also ein Sinnbild des Lebens, und das Passahfest, das in Erinnerung an den Auszug aus Ägypten gefeiert wird, gehört bis heute zu den großen jüdischen Festen.

Noch in einem weiteren Zusammenhang ermöglichte das Blut der Opfertiere dem Volk Israel das Leben. Schon seit uralter Zeit wurden Tiere geopfert, um für Sünden zu sühnen. Vor allem das 3. Buch Mose enthält eine Vielzahl von diesbezüglichen Vorschriften. So durften nur makellose Tiere geopfert werden, und selbstverständlich kamen für die Schuldopfer nur Tiere in Betracht, die rituell rein waren, in erster Linie Schafe, Widder und für finanziell schlecht gestellte Israeliten auch Tauben. Deren Blut musste an den Altar gesprengt werden und diente so der Sühnung begangener Sünden. Der Priester legte dabei seine Hand auf den Kopf des Opfertieres und machte damit deutlich, dass das Tier einen stellvertretenden Tod starb, um die Sünden der Menschen zu sühnen. Streng verboten – und dies wird in der Bibel immer wieder betont – waren jedoch Menschenopfer, wie sie bei den Nachbarvölkern durchaus üblich waren und die wohl auch die Israeliten in den Zeiten praktizierten, in denen sie sich von Gott abgewendet hatten. Man schrieb dem Blut, das bei den Tempelopfern vergossen wurde, keine magischen Kräfte zu, wie manchmal zu lesen ist. Schon im Alten Testament selbst sah man, dass das Opferblut nicht das Letztgültige und Eigentliche sei: »Siehe, Gehorsam ist besser als Opfer und Aufmerken besser als das Fett von Widdern« (1. Samuel 15,22; LUT). Seit der Zerstörung des Jerusalemer Tempels durch die Römer im Jahr 70 n.Chr. gibt es im Judentum keine Opfer mehr. An die Stelle des Tempelgottesdienstes trat die Zusammenkunft in der Synagoge.

Nach christlicher Auffassung brachte Jesus mit seinem Tod am Kreuz das endgültige Opfer dar, um die Menschheit mit Gott zu versöhnen. Weil er sein Blut vergoss, sind alle anderen Opfer überflüssig geworden. Der neutestamentliche Hebräerbrief, der das Opfer Christi mit den Tempelopfern des Alten Testaments vergleicht, drückt dies in Kapitel 7,27 folgendermaßen aus: »[Jesus] braucht nicht täglich Opfer zu bringen, wie es die anderen Hohenpriester zunächst für ihre eigenen Sünden und dann für die Sünden des Volkes tun mussten, sondern er tat dies ein für alle Mal, als er sich selbst am Kreuz opferte« (NL). Paulus spricht in 1. Korinther 5,7 von Jesus als dem Passahlamm, das für unsere Sünden geopfert wurde, und stellt damit einen Bezug zum Passahfest her – eine umso eindrücklichere Verbindung, als Jesus am Sederabend, dem ersten Abend des Passahs, das letzte Abendmahl mit seinen Jüngern feierte. Ein Missverständnis gilt es hier allerdings auszuräumen: Der Hebräerbrief und auch Paulus liefern nur eine *Deutung* dieses Tods, den Jesus am Kreuz starb. Den Verfassern der biblischen Bücher war im Gegensatz zu uns der Opferkult im Jerusalemer Tempel vertraut, und für sie ergab es mehr Sinn als für uns, den Tod Jesu auf diese Weise plausibel zu erklären. Uns fällt vielleicht der Zugang leichter, wenn wir uns klarmachen, dass Gott in Jesus wirklich Mensch wurde, alles erlebte und erlitt, was ein Mensch erleben und erleiden kann. So kommt und bleibt er uns ganz nah.

Das magische Missverständnis

Im Lauf der Kirchengeschichte schlich sich zuweilen ein magisches Verständnis ein. Blutreliquien standen hoch im Kurs: Man schrieb dem Leichnam eines Heiligen übernatürliche Kräfte zu, und wenn das schon für die Knochen galt, traf dies in weitaus höherem Maß für das Blut zu. Besonders begehrt waren die sogenannten Heilig-Blut-Reliquien, angeblich das Blut Christi (und genauso wenig echt wie das »wahre Kreuz«), die man ab dem vierten Jahrhundert zu sammeln begann und die etwa ab dem Jahr 800 ihren Weg nach Europa fanden. Auch von Blutwundern wird immer wieder berichtet, wenn nämlich eine Madonna angeblich blutige Tränen vergießt. Bei genauerer chemischer Analyse stellt sich dann jedoch in der Regel heraus, dass es sich um mit Pigmenten versetztes Wasser handelt.

Blut und Wein

Im Judentum gibt es heute keine blutigen Opfer mehr, weil der Tempel – die einzige Stätte, an der Opfer zulässig waren – nicht mehr existiert. Der Hebräerbrief stellt Jesus als das letztgültige, umfassende und abschließende Opfer dar, das die Menschheit mit Gott versöhnte. Das Abendmahl aber erinnert mit Brot und Wein an diese Selbsthingabe Jesu. Er selbst stiftete das Abendmahl, als er am letzten Abend mit seinen Jüngern zusammensaß, ihnen den Kelch reichte (der Genuss von vier Bechern war am Sederabend vorgeschrieben) und dem uralten Ritual eine völlig neue Wendung gab, als er seinen Jüngern sagte: »Dieser Kelch ist der neue Bund in meinem Blut, das für euch vergossen wird« (Lukas 22,20; ELB). In den verschiedenen unterschiedlichen Konfessionen schreibt man dem Abendmahl (auch Herrenmahl oder Eucharistie genannt) sehr unterschiedliche Bedeutungen zu, doch ein Minimalkonsens besteht darin, dass wir uns mit Brot und Wein daran erinnern, dass nichts mehr zwischen Gott und uns steht – und es vergegenwärtigt uns, dass dieser Gott einen Bund gestiftet hat und mitten unter uns ist.

Brot

Die Armen und Ausgebeuteten standen vor dem königlichen Palast in Versailles und riefen: »Wir haben kein Brot!« Daraufhin zuckte Marie Antoinette lediglich mit den Schultern und meinte: »Wenn sie kein Brot haben, sollen sie doch Kuchen essen.« Eine bekannte Geschichte und eine fatale Fehleinschätzung – wenn sie diese Worte denn tatsächlich geäußert hätte. Tatsächlich aber waren sie von Jean-Jacques Rousseau bereits 1782, einige Jahre zuvor, veröffentlicht worden, und im Zuge der französischen Revolution legte man diese Äußerung der Königin in den Mund, um die eigenen Grausamkeiten, darunter auch die Hinrichtung von Marie Antoinette auf der Guillotine zu rechtfertigen. Eine klassische Propagandalüge also, die jedoch zumindest die fundamentale Bedeutung des Brotes in unserem Kulturkreis unterstreicht: Wenn es kein Brot mehr gibt, herrscht wirklich Not.

Eine kurze Geschichte des Brots

Brot gehört zu den ältesten Nahrungsmitteln, die wir kennen. Irgendwann zwischen 10000 und 5000 v.Chr. begann man damit, einen mit Wasser angerührten und gegarten Getreidebrei auf einem heißen Stein zu trocknen, um ihn so schmackhafter und leichter transportabel zu machen. Auf dem Weg zum Brotlaib, wie wir ihn kennen, fehlten noch zwei entscheidende Schritte: die Erfindung des Backofens und die Entdeckung von Sauerteig und Hefe. Denn auf einem heißen Stein lassen sich nur flache Fladen backen; erst in einem Backofen wird der zu einem Laib geformte Teig auf allen Seiten von Hitze umschlossen und kann so durchgaren. Ohne Sauerteig allerdings würde der Teig nicht aufgehen, sodass man nur einen festen harten Klumpen bekäme. Die Entdeckung der Hefe mag zufällig geschehen sein: Wenn man nämlich den angerührten Teig eine Weile stehen lässt, wird er mit in der Luft enthaltenen Hefepilzen versetzt, geht auf und wird locker und luftig. Nebenbei: Möglicherweise war es ein im Haushalt ungeschickter Mann, der irgendwann vor 5000 v.Chr. den Teig mit zu viel Wasser anrührte und ihn dann geistesabwesend stehen ließ, um Büffel zu jagen. Jedenfalls war bei seiner Rückkehr daraus das erste Bier der Weltgeschichte geworden, und so musste sich der verhinderte Bäcker nicht einmal eine Ausrede einfallen lassen, weil ihm der Teig missglückt war – er hatte einfach etwas anderes erfunden.

Die Methode, den Teig einfach stehen zu lassen und zu warten, bis er durchgegoren war, hatte den Nachteil, dass sie sich nicht gut steuern ließ, denn in der Luft schwebten immer wieder andere Hefepilze herum. Daher verfiel man auf den Gedanken, von dem fertig gegorenen Teig eine kleinere Menge zu entnehmen und den nächsten Teig damit zu versetzen: Das war die Erfindung des Sauerteigs, und wir können davon ausgehen, dass dieses Verfahren in Ägypten bereits um 5000 v.Chr. bekannt war. Die Ägypter waren es auch, die die bis dahin existierenden Backöfen verbesserten, sodass man nun bei höheren Temperaturen backen konnte. Dabei verdampfte ein Teil des im Teig enthaltenen Wassers schlagartig und ließ den Laib noch stärker aufgehen. Diese Bemühungen trugen den Ägyptern im benachbarten Ausland den Spitznamen »Brotesser« ein.

Über Griechenland und das Römische Reich breitete sich die Kunst des Brotbackens dann bis Europa aus. Die Römer können für sich das Verdienst in Anspruch nehmen, eine automatische Rührschüssel erfunden zu haben (wobei die Mechanik natürlich noch von einem Ochsen angetrieben wurde, der im Kreis um den Trog herumlief). Darüber hinaus bauten sie die erste Großbäckerei auf und verfeinerten die Mahltechnik.

Auch in unseren Breiten ist das Sauerteigbrot seit Urzeiten bekannt. Darauf weist schon der Begriff selbst hin – »Brot« im Deutschen, »bread« im Englischen und »brød« im Dänischen. Das Wort geht nämlich auf den altgermanischen Ausdruck *brauða* zurück, der von der Sprachwissenschaft rekonstruiert wurde – auf Neuhochdeutsch »das Gegorene« oder »das Gesäuerte«. Auch in einem anderen deutschen Wort, von dem man es kaum vermuten würde, versteckt sich das Brot: im Kumpel oder Kumpan. Der Begriff leitet sich auf dem Umweg über das französische *copain* von den lateinischen Wörtern *cum* (»gemeinsam mit«) und *panis* (»Brot«) ab und bezeichnet denjenigen, mit dem man zusammen sein Brot verspeist. Damit ist gleichzeitig auf die Gemeinschaft stiftende Funktion des Essens verwiesen – ein Aspekt, der übrigens auch in der Bibel häufig betont wird.

Weltmeister im Brotverzehr sind heutzutage nicht mehr die Ägypter, sondern die Osteuropäer mit 300 bis 450 Gramm pro Tag. In der zweiten Reihe rangieren unter anderem Deutsche, Israelis, Franzosen, Italiener und Niederländer: Sie bringen es auf durchschnittlich 170 bis 250 Gramm. Dann folgen beispielsweise Österreicher, Schweizer, Argentinier, Engländer und US-Amerikaner, die zwischen 85 bis 160 Gramm am Tag verbrauchen. Schlusslicht sind die asiatischen Länder, wo mehr Reis gegessen wird, und auch Brasilien. Ein statistischer Zusammenhang zwischen Brotkonsum und fußballerischer Begabung wird sich demnach kaum nachweisen lassen.

Fladen und Rundbrote

Brot kommt in allen grammatischen Formen und Zusammensetzungen etwa vierhundert Mal in der Bibel vor.

Eine Vielzahl dieser Stellen spricht vom Brot im buchstäblichen Sinne, ohne dass eine symbolische Bedeutung dahinterstünde. Wenn man einen Gast einlädt, gehört es selbstverständlich zum Mahl dazu. Als Abraham Besuch von drei Männern erhält (und damit, ohne es zu wissen, Gott selbst Gastfreundschaft erweist), lässt er alles auffahren, was Haus und Hof hergeben: »Ich will indessen einen Bissen Brot holen, dass ihr euer Herz stärkt« (1. Mose 18,5; ELB). Dann gibt er seiner Frau den Auftrag, schnell ein Brot aus Öl und Mehl zuzubereiten (offenbar also ungesäuerte Fladen) und schlachtet noch ein Kalb, zart und gut, wie die Bibel festhält. Jeremia wurde, als er während der Belagerung der Stadt durch die Chaldäer und der sich daraus ergebenden

Hungersnot im Wachhof festgehalten wurde (paradoxerweise gerade weil er im Gegensatz zu den falschen Propheten die Belagerung vorausgesagt und die Situation nicht beschönigt hatte), täglich mit einem »Rundbrot aus der Bäckergasse« (Jeremia 37,21; NL) versorgt – ein zeitgeschichtlich interessanter Hinweis, der zum einen auf ein im Ofen gebackenes Sauerteigbrot hindeutet, und zum anderen darauf, dass sich die Betriebe desselben Gewerbes in ein und derselben Straße ansiedelten, wie es auch im Mittelalter in Europa üblich war. Schließlich muss noch Esau erwähnt werden, der, wie allgemein bekannt ist, seinem wenige Minuten jüngeren Zwillingsbruder Jakob das Erstgeburtsrecht für ein Linsengericht verkaufte. Wer den entsprechenden Vers in 1. Mose 25,34 genau liest, stellt die weniger bekannte Tatsache fest, dass er dazu noch ein Stück Brot bekam. Das allerdings machte den Handel für Esau nicht lohnender.

Sogar ein biblischer Ort trägt das Brot im Namen: Bethlehem, das Haus des Brots. Tatsächlich gibt es ein biblisches Buch, in dem Bethlehem zum rettenden, weil Brot spendenden Zufluchtsort wird – das Buch Rut im Alten Testament. Es erzählt, wie Noomi mit ihrem Mann wegen einer Hungersnot ihren Heimatort Bethlehem verlässt, um in Moab ihr Glück zu suchen. Nach dem Tod ihres Mannes und ihrer beiden Söhne kehrt sie als arme Frau mit Rut, einer ihrer Schwiegertöchter, ins heimatliche Bethlehem zurück. Dort erhält Rut vom Grundbesitzer Boas die Erlaubnis, die abgeernteten Felder noch einmal abzusuchen – und Boas weist seine Arbeiter sogar an, extra ein wenig mehr liegen zu lassen als unbedingt notwendig. Dass Boas und Rut wenig später heiraten, besitzt eine besondere Bedeutung: Denn Boas ist der Urgroßvater von David und damit auch Vorfahre von Jesus.

Brot des Lebens

Doch das Alte Testament kennt auch Brot als Symbol. Zunächst sind dort die sogenannten »Schaubrote« zu nennen, jeweils zwölf Stück in Anlehnung an die zwölf Stämme Israels, die an jedem Sabbat auf den Schaubrottisch im Heiligtum gelegt wurden. Am nächsten Sabbat wurden sie gegen frische ausgetauscht, während die Priester die alten verzehrten. Zweitens feiert man im Judentum ein großes Fest, in dem sich acht Tage lang alles um die ungesäuerten Brote dreht, das Passahfest. Man begeht es zum Gedenken an den Auszug aus Ägypten, als es wegen des überhasteten Aufbruchs nicht möglich war, noch gesäuerte Brote zu backen. Deshalb entfernt man vor dem Sederabend, dem Auftakt zum Passahfest, alle ungesäuerten Speisen aus dem Haus, und statt des üblichen Sauerteigbrotes isst man eine Woche lang Matzen, flache, knusprige und recht geschmacksneutrale Brote.

Eine eigenartige Begebenheit, von der in 1. Mose erzählt wird, betrifft den etwas geheimnisumwitterten Melchisedek, König von Salem und Priester des Herrn. Geheimnisumwittert deshalb, weil er aus dem Nichts aufzutauchen scheint. Anders als viele andere bedeutende biblische Persönlichkeiten taucht er in keinem Stammbaum auf. Als Abraham ihm mit seinen Bundesgenossen nach einem militärischen Sieg entgegentritt, kommt Melchisedek mit Brot und Wein aus der Stadt. Brot und Wein gehören nicht nur unbedingt zum Sederabend dazu, sondern sind genau aus diesem Grund auch gewissermaßen ein Vorgriff auf das Abendmahl, und daher sieht der Hebräerbrief in Melchisedek eine Art Vorläufer oder Vorahnung des kommenden Messias.

Daneben findet man im Alten Testament eine Redewendung, die uns völlig vertraut ist und uns wieder in das alltägliche Leben zurückführt. Wir reden davon, in Lohn und Brot zu stehen oder unsere Brötchen zu verdienen, und meinen damit den gesamten Lebensunterhalt. Entsprechendes kann man in 1. Mose 3,19 nachlesen, dem Wort, das Gott nach dem Sündenfall an Adam richtete: »Im Schweiße deines Angesichts sollst du dein Brot essen« (LUT).

Auch im Neuen Testament begegnet man dieser Gleichsetzung von Brot mit allem, was man zum Leben braucht, nämlich in der Bitte des Vaterunsers »Unser tägliches Brot gib uns heute«. Wobei man sich natürlich fragen kann und sollte, was wir in unserer Überflussgesellschaft wirklich zum Leben brauchen – und ob wir mit der Bitte um das *tägliche* Brot im Ohr uns mit unserem langfristigen Planen nicht selbst das Leben schwer machen.

Auch in zwei in den Evangelien überlieferten Ereignissen dreht sich alles um Brot – bei der Speisung der Fünftausend und der Viertausend. Im ersten Fall nimmt Jesus aus der Hand eines Jungen fünf

Brote – Gerstenbrote übrigens, die Speise der armen Leute – und zwei Fische. Als er dafür gedankt hat, verteilen die Jünger es, und alle werden satt.

Noch eine weitere Begebenheit wird in den Evangelien berichtet, in der das Brotbrechen und das gemeinsame Mahl für ein spätes Aha-Erlebnis sorgt. Als Jesus nach seiner Auferstehung den Emmaus-Jüngern begegnet, erkennen sie ihn zunächst nicht. Erst als er ihrer Einladung folgt, sie in ihrem Haus besucht, für das Brot dankt und es bricht, begreifen sie: Es war tatsächlich der Auferstandene, der zu uns gekommen ist. Mitunter hört man ja warnende Worte, Jesus nicht als Kumpel zu betrachten, sondern als Herrn. Hier aber ist Jesus (eingedenk der lateinischen Etymologie) genau das: der Kumpel, der mit seinen Jüngern am Tisch sitzt und das Brot bricht.

Höchste symbolische Bedeutung aber erklimmt das Brot in zwei Jesusworten. »Ich bin das Brot des Lebens«, sagt er (Johannes 6,35; ELB). Jesus selbst gibt uns das, was zum Leben notwendig ist – und zwar weit mehr, als man sich träumen lassen würde. Und bei der Einsetzung des Abendmahls, einem Ereignis, das am Vorabend des oben erwähnten Passahfestes stattfand, bei dem üblicherweise die ungesäuerten Matzen verzehrt werden, nahm er das Brot, brach es und sagte: »Nehmt, esst, dies ist mein Leib!« Dieses Abendmahl, das in allen christlichen Kirchen gefeiert wird (wenn auch Abweichungen im Abendmahlsverständnis viele Kirchen voneinander trennen), erinnert uns daran, dass Jesus wirklich mitten unter uns ist.

Buchstaben

Im Grunde ist jeder Buchstabe eine Art Schmalspursymbol, weil er einen bestimmten Lautwert der gesprochenen Sprache repräsentiert. Zugegeben, hinter einem einzelnen Buchstaben stehen keine bedeutungsschwangeren Inhalte, denn erst, wenn man verschiedene Buchstaben zusammensetzt und damit Wörter und Sätze bildet, kann man komplexe Gedanken und Zusammenhänge ausdrücken. Hin und wieder jedoch stößt man in der Bibel auf Buchstaben, die mehr verkörpern als einen Laut und für sich allein genommen eine symbolische Bedeutung besitzen.

A und O

Am ehesten kennt man wohl das »A und O«, weil es auch in unsere Alltagssprache eingegangen ist. Sinn ergibt diese Formel, wenn man sich ins Gedächtnis ruft, dass das Neue Testament in Griechisch verfasst wurde. Im Grundtext findet man in mehreren Stellen der Offenbarung, etwa in Kapitel 1,8, dafür die Worte »Alpha und Omega« (ELB), den ersten und letzten Buchstaben des griechischen Alphabets. Übertragen auf unser ABC entspräche das in etwa unserer Redensart »von A bis Z«. In der Offenbarung, wo dieser Ausdruck insgesamt drei Mal gebraucht (neben 1,8 auch noch in 21,6 und in 22,18) und auf Jesus Christus bezogen wird, kommt damit zum Ausdruck, dass Christus alles umfasst und beherrscht, dass er vor allen Menschen da war und am Ende der Zeiten noch da sein wird. Er ist der Erste und der Letzte, und in dieser Formulierung klingt ein Vers aus dem Alten Testament nach. In Jesaja 44,6 sagt Gott: »Ich bin der Erste und bin der Letzte, und außer mir gibt es keinen Gott« (ELB).

Diese beiden kleinen unscheinbaren Buchstaben stehen also für die Allgegenwart und die Allmacht des ewigen Gottes und bekräftigen darüber seine alleinige Herrschaft.

Bitte hier unterschreiben!

Auch dem letzten Buchstaben des hebräischen Alphabets kommt eine besondere Bedeutung zu. Das Taw, das in der althebräischen Schrift einem x ähnelte, diente als Unterschrift, entsprechend den berühmten drei Kreuzen, mit denen des Schreibens Unkundige in unseren Breiten ihre Beglaubigung unter eine Urkunde setzen. In den heutigen Bibelübersetzungen findet sich der Hinweis auf den Buchstaben Taw allenfalls in einer Anmerkung zu dem entsprechenden Vers in Hiob 31,35: »Ach hätte ich doch einen, der auf mich hörte, – hier ist meine Unterschrift« (ELB). Eigentlich stand an dieser Stelle: »Hier ist mein Taw.« Im Übrigen lag die Analphabetenquote bei den alten Hebräern weit unter der des europäischen Mittelalters, und auch wenig Gebildete waren in der Regel in der Lage, ihren eigenen Namen zu schreiben.

Tüttelchen

Noch ein weiterer Buchstabe trägt im Neuen Testament eine symbolische Bedeutung. Man findet ihn in dem Jesuswort aus Matthäus 5,18: »Denn wahrlich, ich sage euch: Bis der Himmel und die Erde vergehen, soll auch nicht ein Jota oder ein Strichlein von dem Gesetz vergehen, bis alles geschehen ist« (ELB). Wahrscheinlich geht es hier nicht um den griechischen Buchstaben Jota, sondern den hebräischen Buchstaben Jod, der unserem Apostroph – also tatsächlich einem Strichlein – ähnelt. Weniger Buchstabe kann man sich kaum vorstellen, und daraus ergibt sich auch die Bedeutung dieses Verses: Nicht die unbedeutendste Kleinigkeit des Gesetzes wird gestrichen werden. Luther übersetzte diesen Begriff volksnah, wie es seinem Prinzip entsprach, mit »Tüttel«.

Mit herzlichen Grüßen – euer Paulus

Wie das Taw unter einem Dokument die Echtheit bestätigte, so setzte Paulus in manchen seiner Briefe, die er seinem Sekretär diktierte, eigenhändig einige Zeilen darunter, um so deutlich zu machen, dass es sich tatsächlich um ein von ihm verfasstes und autorisiertes Schreiben handelte. Die einzelnen Buchstaben bergen hier zwar keine Symbolik, doch die Handschrift signalisierte: Dieser Brief ist echt. So etwa in Galater 6,11: »Seht, mit welch großen Buchstaben ich euch diese abschließenden Worte in eigener Handschrift schreibe« (NL).

Psalmen von A bis Z

Gedichte sollten sich reimen, denkt man. Nun gilt das aber für moderne Lyrik genau sowenig wie für die hebräische Poesie. In den Psalmen und anderen dichterischen Abschnitten der Bibel findet man oft den sogenannten Parallelismus: einen Gedanken, der zweimal mit verschiedenen Worten ausgedrückt wird. Gleich in den ersten Versen des ersten Psalms wird dieses Prinzip deutlich: »Glücklich der Mann, der nicht folgt dem Rat der Gottlosen, / den Weg der Sünder nicht betritt / und nicht im Kreis der Spötter sitzt, sondern seine Lust hat am Gesetz des HERRN / und über sein Gesetz sinnt Tag und Nacht!«

Auf diese Weise bleibt auch Bibellesern, die die Psalmen nicht in der hebräischen Grundsprache lesen können (und das sind immerhin die meisten von uns) die dichterische Form erhalten.

Daneben ließen sich die Psalmdichter auch andere Methoden einfallen, um ihren Gedichten Struktur zu verleihen, und eine davon hat mit Buchstaben zu tun. Sie lässt sich in verschiedenen Psalmen beobachten, etwa in Psalm 9. Die Anfangsbuchstaben jedes Verses sind nämlich in alphabetischer Reihenfolge geordnet. Wer eine vollständige Aufzählung haben möchte – bitte sehr: Sie finden diese sogenannten Akrostichen in den Psalmen 9, 10, 25, 34, 37, 111, 112, 119 und 145. Dabei fällt der Psalm 119 mit seiner Rekordlänge von 176 Versen etwas aus der Reihe, denn jeweils acht Verse beginnen mit demselben Buchstaben. Leider gibt es keine Bibelübersetzung, in der uns solch ein Akrostichon erhalten bleibt, was nicht nur an den übersetzerischen Schwierigkeiten liegt, sondern auch daran, dass das hebräische Alphabet lediglich 22 Buchstaben besitzt. Doch wenn man um dieses Prinzip weiß, kann man auch in dieser dichterischen Gestaltung eine symbolische Bedeutung entdecken: Hier wird das Lob Gottes von A bis Z durchbuchstabiert.

Abkürzungen

In alten Bibeln findet man häufig die Abkürzung IHS, das sogenannte Jesusmonogramm. Eigentlich sind es drei griechische Buchstaben, nämlich Jota, Eta und Sigma, die ersten drei Buchstaben der griechischen Schreibweise des Namens Jesu. Diese Praxis der Kurzschreibweise rührt von einer gewissen Scheu her, heilige Namen auszuschreiben. Volkstümlich wurden diese drei Buchstaben im Deutschen als »Jesus, Heiland, Seligmacher« gedeutet.

Das gleiche Prinzip liegt dem Christusmonogramm zugrunde, einem P mit darübergelegten X, das man heute noch als Kanzelschmuck oder auf liturgischen Gewändern sehen kann. Hier handelt es sich um die beiden griechischen Buchstaben Chi und Rho, die ersten beiden Buchstaben von »Christus« in der griechischen Schreibweise.

Buchstabenmystik

Während die Verfasser der biblischen Bücher Buchstabensymbole sehr bewusst einsetzten und davon ausgehen konnten, dass ihre Leser auch genau wussten, wovon sie sprachen, gingen verschiedene Mystiker den entgegengesetzten Weg: Sie versuchten, in den Buchstaben des Bibeltextes einen verborgenen Sinn zu entdecken. Hierbei stützten sie sich unter anderem auf die Tatsache, dass den griechischen, hebräischen und auch lateinischen Buchstaben Zahlenwerte zugeordnet waren. Besonders interessiert waren sie dann an Wörtern mit gleichem Zahlwert. Die jüdischen Kabbalisten versuchten sich an der Bibelauslegung, indem sie Buchstaben vertauschten: den ersten

Buchstaben des Alphabets gegen den letzten, den zweiten gegen den vorletzten und so weiter. Andere Mystiker dagegen sahen in dem Buchstaben A mit seinen drei Strichen ein Symbol für die Dreieinigkeit. Die Methoden waren so willkürlich wie vielfältig, und die Ergebnisse fielen dementsprechend aus. Im Grunde setzt auch das Buch »Der Bibel-Code« von Michael Drosnin, das vor einigen Jahren Schlagzeilen machte, diese Linie fort. Eins allerdings haben alle Methoden gemeinsam: In ihrem Bestreben, beim Bibeltext zwischen den Zeilen zu lesen, entgeht ihnen oft, was der Bibeltext selbst sagt. Die Botschaft der Bibel spricht für sich – und das Wissen um den Gott, der nach dem Zeugnis der Bibel Himmel und Erde schuf und den Menschen grenzenlose Liebe erweist, ist viel größer und faszinierender als alles, was die Buchstabenmystik zutage zu fördern glaubt.

Delfin

Der Delfin ist in der Tat ein besonderes Tier, wenn auch nur in einer passiven Rolle: Wahrscheinlich gibt es kein anderes Lebewesen, um das sich mehr neuzeitliche Mythen ranken. Delfine sind intelligent. Delfine lächeln. Und dass der Delfin der beste Freund des Menschen sein kann, wissen wir spätestens seit Flipper. Wer sich auf die Suche macht, findet noch weitaus steilere Behauptungen: Delfine verfügen über telepathische Fähigkeiten, mittels derer sie mit dem Menschen kommunizieren können. Delfine bauen ein Energiefeld auf, das heilende Kräfte freisetzt. Delfine verhelfen einem Menschen zu einem ganzheitlicheren Verständnis des Universums.

Das sind tatsächlich Behauptungen, die im späten zwanzigsten und frühen einundzwanzigsten Jahrhundert aufgestellt wurden. Bei nüchterner wissenschaftlicher Betrachtung allerdings ergibt sich ein anderes Bild: Wenn denn Delfine in der Lage sein sollten, Gedanken telepathisch zu übertragen, würde man zumindest verlangen, dass sie überhaupt einen Gedanken fassen können. Doch damit scheint es nicht allzu weit her zu sein. Ihr Gehirn ist zwar außerordentlich voluminös, größer als das des Menschen, doch auf der anderen Seite von eher lockerer Struktur, vergleichbar mit einem luftigen Blätterteig. Zutraulich und lernfähig sind sie zwar, doch keinesfalls höher begabt als ein durchschnittlicher Pudel.

Antike Mythen und Geschichten

Verglichen mit diesen neuzeitlichen Mythen nehmen sich die Geschichten, die man einander in der Antike erzählte, eher bescheiden aus. So geht etwa der Name der Stadt Delphi der Sage nach auf den Gott Apoll zurück, der die Gestalt eines Delfins annahm, in dieser Form verehrt werden wollte und sich einen »Delphinius« genannten Tempel errichten ließ. Der Totengedenkmonat im antiken Griechenland trug ebenfalls die Bezeichnung Delphinios, denn die Delfine geleiteten der damaligen Auffassung zufolge die Seelen der Verstorbenen auf die Insel der Seligen. Darüber hinaus kursierten unter den Griechen und später auch unter den Römern unzählige Geschichten, wie Delfine vom Kurs abgekommene Schiffe wieder auf den richtigen Weg brachten und schiffbrüchigen Seeleuten halfen, das rettende Ufer zu erreichen. Ebenso erzählte man sich in unterschiedlichen Fassungen die Geschichte einer Freundschaft zwischen einem Jungen und einem Delfin, der seinen Freund auf sich reiten ließ. Einmal schwamm der Delfin zu weit hinaus, sodass der Junge entkräftet starb – in einer anderen Version wurde er beim Aufsteigen von der Rückenflosse durchbohrt –, brachte den Leichnam des Jungen sicher ans Ufer, blieb neben ihm auf dem trockenen Sand liegen und beging so aus Kummer und Schuldgefühlen Selbstmord.

Vor allem die Vorstellung, er könne Seeleuten das Leben retten, verhalf dem Delfin auch im christlichen Denken des Altertums zum Status eines Symboltiers. So schmückte er in der Frühzeit des Christentums viele Grabmäler, und möglicherweise deutete man den Delfin nicht nur als Zeichen des Lebens im Allgemeinen, sondern unmittelbar auf Christus. Auch erzählte man sich, Delfine hätten beispielsweise Martin von Tours gerettet – nebst anderen Heiligen –, und die Vornamen Delphina und Delphinus standen in der Beliebtheitsskala recht weit vorn.

Gebt Zeugnis von eurer Hoffnung

In der Folge wurde es, was die christliche Symbolik betraf, recht still um den Delfin. Fast zweitausend Jahre später wählte man einen springenden Delfin zum Logo des 150. Katholikentages, der unter dem Motto »Gebt Zeugnis von eurer Hoffnung« 1998 in Mainz stattfand. Dabei wurde auf den Schwung und die Geschicklichkeit dieser Tiere verwiesen, die sinnbildlich für den Glauben stehen. Bewusst distanzierte man sich davon, den Delfin symbolisch auf Christus zu deuten, da es keine sicheren historischen Belege dafür gibt, dass dies in der Geschichte der Christenheit wirklich jemals so gesehen wurde.

Lassen wir zum guten Schluss die Bibel selbst zu Wort kommen. Sie interessiert sich überraschend wenig für die Intelligenz und Menschenfreundlichkeit des Delfins, sondern ausschließlich für die abgezogene Haut des Kadavers: »Und fertige für das Zelt eine Decke aus rotgefärbten Widderfellen an und oben darüber eine Decke aus Häuten von Delphinen« (ELB)! So lautet nach 2. Mose 26,14 die Anweisung, die Gott Mose im Rahmen der Errichtung der Stiftshütte erteilt.

Einhorn

»Hilf mir aus dem Rachen des Löwen und errette mich von den Einhörnern.« So heißt es in der Lutherübersetzung von 1912. Wem diese Stelle aus Psalm 22 eigenartig vorkommt, wundert sich zu Recht, denn alle modernen Übersetzungen und Revisionen sind praktisch einhornfrei. Im hebräischen Grundtext steht an dieser Stelle der Begriff *re'em*, was wörtlich »das Hochragende« bedeutet, also ein oder mehrere Hörner. Heute wird dieser Begriff meist mit »Büffel« übersetzt, was der ursprünglichen Bedeutung sehr viel näher kommen dürfte. Luther stand jedoch mit seiner etwas eigenwilligen Interpretation nicht allein da: Auch die lateinische Vulgata, über Jahrhunderte die maßgebliche Übersetzung der katholischen Kirche, die griechische Septuaginta und die englische Authorized Version schrieben *unicornus*, *monoceros* beziehungsweise *unicorn*. Jeder dieser Begriffe bedeutet nichts anderes als »Einhorn«.

Dabei mag eine Rolle gespielt haben, dass es zwei uralte, ins Christliche gewendete Legenden gab, in denen dem Einhorn eine tragende Rolle zufällt. Zum einen erzählte man sich, dass ein Einhorn praktisch unmöglich zur Strecke zu bringen sei. Nur eine einzige Möglichkeit gebe es, das Tier nämlich durch eine keusche Jungfrau anzulocken. In deren Schoß schläft es ein und kann dann von Jägern unschädlich gemacht werden, indem sie ihm das Horn absägen. Ähnliche Legenden finden sich seit uralter Zeit in vielen Teilen der Welt. Ganz gewiss sind sie nicht christlichen Ursprungs, doch indem man die Vorstellung einer keuschen Jungfrau im Allgemeinen gedanklich mit Maria, der Mutter Jesu, im Besonderen verknüpfte, deutete man das Einhorn symbolisch auf Jesus. Eine zweite Legende erzählt, wie das Einhorn ungenießbares Wasser, das von einer Schlange (symbolisch für den Teufel) verunreinigt wurde, wieder genießbar macht, indem es mit seinem Horn ein Kreuz darüber schlägt.

Der »Physiologus«, ein im Altertum entstandenes Werk, das verschiedene tatsächlich existierende wie auch Fabeltiere beschrieb und geistlich interpretierte, trug sicherlich seinen Teil dazu bei, diese Legenden zu verbreiten. Interessant ist der dort angeführte Argumentationsgang. Zunächst zitiert der Physiologus Psalm 92,11: »Aber mein Horn wird erhöht werden wie eines Einhorns«, wobei diese Übersetzung, wie bereits erwähnt, am ursprünglich gemeinten Sachverhalt vorbeigeht. Daraufhin wird die Legende vom unbesiegbaren Einhorn erzählt, das sich allein durch eine Jungfrau zähmen lässt, die es säugt und in den Palast des König bringt. Dann stellt der Verfasser dem Psalmvers eine Stelle aus dem Lukasevangelium zur Seite: »Er hat ein Horn des Heils aufgerichtet im Hause Davids, seines Knechtes« (Lukas 1,69; ELB). Weder Engel noch andere Mächte und Gewalten, so der Physiologus, konnten Jesus überwältigen, der im Bauch der reinen Jungfrau Maria wohnte.

Auch Hildegard von Bingen (1098–1179), die berühmte Mystikerin des Mittelalters, sah in ihren Visionen mitunter Einhörner und empfahl das gemahlene Horn des Einhorns als Heilmittel gegen eine Vielzahl von Leiden – nicht zuletzt ist das der Grund, warum es noch heute so viele »Einhorn-Apotheken« in Deutschland gibt.

Wie man sich allerdings das Horn eines Einhorns beschaffen konnte, bei dem es sich ja nur um ein Fabeltier handelt, war eine schwierige Frage, bei deren Lösung man ungewöhnliche Wege beschritt. Es gibt ein Tier, das tatsächlich einen Stoßzahn ausbildet, der dem Horn des Einhorns in der Unzahl fantasievoller Darstellungen tatsächlich recht nahe kommt, nämlich den Narwal. Wenn man solch einen Stoßzahn fand, ging man davon aus, dass es sich dabei um das Horn eines Einhorns handelte – die alte Bezeichnung *ainkhürn* weist noch darauf hin –, und betrachtete dies als einen zumindest indirekten Beweis für die Existenz eines solchen Fabeltiers. Der dänische Königsthron wurde ganz und gar aus *ainkhürn* hergestellt, und auch in der Schatzkammer des Markusdoms in Venedig finden sich zwei Stoßzähne eines Narwals, die von zwei Kreuzritten in Konstantinopel geraubt und als vermeintliche Hörner eines Einhorns der Kirche vermacht wurden.

Im Erfurter Dom gibt es ein Tafelgemälde, das aus der Zeit um 1420 stammt und ein vergoldetes Einhorn zeigt, das vom Erzengel Gabriel gejagt wird und bei der Jungfrau Maria Zuflucht sucht. Dieses Motiv wurde vielfach kopiert. Heute jedoch spielt das Einhorn als Symbol in der christlichen Kirche keine Rolle mehr.

Evangelistensymbole

Ein Tetramorph klingt nach einem Wesen aus einer Science-Fiction-Serie. Tatsächlich aber handelt es sich um eine alte griechische Bezeichnung für die ineinander verschmolzene Darstellung der vier Wesen, die die Verfasser der Evangelien symbolisieren – wörtlich bedeutet der Begriff »Vierform«. Diese Evangelisten werden wie folgt repräsentiert: Für Matthäus steht ein Mensch, für Markus ein Löwe, für Lukas ein Stier, für Johannes schließlich ein Adler.

Merkwürdig nur, dass man bei der Lektüre der Evangelien nirgendwo auf diese Symbolik stößt. Nicht der leiseste Hinweis deutet darauf hin, dass etwa Markus sich als brüllender kämpfender Löwe versteht. Und doch geht diese Symbolik – mit einigen Umwegen – auf die Bibel zurück.

Der Prophet Hesekiel schildert im ersten Kapitel des nach ihm benannten Buchs eine Vision, in der ihm Gott vier »lebendige Wesen« zeigt: »Sie sahen aus wie Menschen, doch jedes von ihnen hatte vier Gesichter und zwei Paar Flügel [...] Jedes Wesen hatte vorn ein Menschengesicht, auf der rechten Seite ein Löwengesicht, auf der linken Seite ein Stiergesicht und hinten ein Adlergesicht« (Hesekiel 1,5-6.10; NL). Eine ähnliche Vision lässt sich im vierten Kapitel der Offenbarung des Johannes nachlesen. Um Gottes Thron stehen vier dieser lebendigen Wesen herum, von denen jeweils eins den in Hesekiel geschilderten ähnelt: »Das Erste dieser lebendigen Wesen sieht aus wie ein Löwe, das Zweite wie ein junger Stier. Das dritte lebendige Wesen hat ein Gesicht wie ein Mensch, und das Vierte gleicht einem fliegenden Adler. Jedes dieser lebendigen Wesen hat sechs Flügel, die innen und außen voller Augen waren. Tag für Tag und Nacht für Nacht hören sie nicht auf zu rufen: ›Heilig, heilig, heilig ist der Herr, Gott, der Allmächtige, der immer war, der ist und der noch kommen wird‹« (Offenbarung 4,7-8; NL).

Der Gedanke liegt nicht allzu fern, diese lebendigen Wesen, die Gott loben und seinen Namen in aller Welt bekannt machen, mit den Evangelisten gleichzusetzen. Doch wie deutet man die Symbole Mensch, Löwe, Stier und Adler? In der alten Kirche betrachtete man das erste Kapitel aller Evangelien und sah folgende Zusammenhänge:

Matthäus beginnt sein Evangelium mit dem Stammbaum Jesu. Er betont also nicht nur gemeinsam mit den anderen Verfassern der Evangelien die Gottessohnschaft Jesu, sondern auch seine menschliche Ahnenreihe, wobei darauf hinzuweisen ist, dass diese Reihe nicht mit Maria, der Mutter Jesu endet, sondern nach guter jüdischer Tradition, die die männliche Erbfolge vorsieht, mit Josef, wenn er auch mit der Zeugung nichts zu tun hatte.

Markus berichtet zuerst von Johannes dem Täufer, einem Cousin Jesu, der in der Wüste seine Stimme erhebt, das Kommen Jesu ankündigt und die Menschen zur Buße ruft. Der Löwe passt hier hinein, weil die Wüste sein Lebensraum ist.

Lukas erzählt im ersten Kapitel seines Evangeliums, wie ein Engel des Herrn dem Priester Zacharias am Räucheraltar erscheint und ihm die Geburt eines Sohnes ankündigt – Johannes des Täufers. Nun war der Stier das bedeutendste und wertvollste Opfertier, das man im Tempel zu Jerusalem darbringen konnte.

Der Prolog des Johannesevangeliums hebt sich deutlich von den einleitenden Kapiteln der synoptischen Evangelien ab. Er beginnt mit dem berühmten Satz: »Im Anfang war das Wort, und das Wort war bei Gott, und das Wort war Gott« (Johannes 1,1; ELB). Diese himmelstürmenden Worte verknüpfte man mit dem König der Lüfte.

Nun lag diese Symbolik mit dem Rückbezug auf die Bücher Hesekiel und Offenbarung ja keineswegs auf der Hand. Noch um 400 n.Chr. deutete man die »lebendigen Wesen« aus der Offenbarung als Symbol für Christus; erst mit dem Kirchenvater Hieronymus, der bis 420 n.Chr. lebte, setzte sich die Auffassung durch, sie in erster Linie als Symbol für die Evangelisten zu betrachten, und die Zuordnung von Mensch, Löwe, Stier und Adler zu Matthäus, Markus, Lukas und Johannes wurde im siebten nachchristlichen Jahrhundert zu einer verbindlichen Regelung. Dabei fällt auf, dass die in Hesekiel geschilderte Reihenfolge genau der Anordnung der Evangelien entspricht, während die johanneische Darstellung davon abweicht.

Bis zur Gotik wurden die Evangelistensymbole häufig dargestellt. Dabei bildeten sich viele verschiedene Formen heraus: Manchmal wurde der ganze Körper abgebildet, manchmal nur die obere Hälfte, zuweilen stellte man eine Kombination aus Mensch und Tier dar oder verschmolz die vier Symbole zu einem Wesen, dem besagten Tetramorph.

Heute spielen die Evangelistensymbole im Leben der Kirche kaum eine Rolle mehr. Sie begegnen dem Gottesdienstbesucher zuweilen noch als bildliche Darstellung auf Kanzeln oder Betpulten.

Feuer

Feuer und Wasser, die beiden sprichwörtlichen Gegensätze, haben eines gemeinsam: Gezähmt erleichtern und ermöglichen sie das Leben, als ungestüme Naturgewalten. Dagegen brechen sie mit verheerender Gewalt über den Menschen herein.

Ein Feuer anzuzünden, um darauf zu kochen oder sich daran zu wärmen, war für die Menschen der biblischen Zeit etwas so Alltägliches wie für uns das Zähneputzen, und darin liegt auch keine große symbolische Bedeutung verborgen. Einige Bibelstellen gibt es jedoch, an denen an einem ganz gewöhnlichen Feuer etwas Ungewöhnliches geschah. Drei Beispiele seien hier genannt.

Feuertonne und Kohlenbecken

– Auf der Wüstenwanderung überließ Mose das Volk Israel einige Tage sich selbst. Aus gutem Grund: Er war auf einen Berg gestiegen, um dort aus der Hand Gottes die Zehn Gebote zu empfangen. Den Israeliten reichte dieser kurze Zeitraum, um Gott und auch Mose, den von Gott beauftragen Führer, infrage zu stellen. Sie wünschten sich einen Götzen zum Anfassen und brachten Aaron ihr Anliegen vor. Der widersprach kaum, obwohl er es möglicherweise besser wusste, und gab gleich detaillierte Anweisungen: Die Israeliten sollten ihren Schmuck bei ihm abliefern. Dann schmolz er das Metall auf einem Feuer und goss daraus das berühmt gewordene Goldene Kalb. Kaum war Mose – von Gott vorgewarnt – wieder im Lager eingetroffen, hielt er dem Volk eine Standpauke. Denkwürdig allerdings die Verteidigungsrede, die Aaron vorbringt: »Sie haben nämlich zu mir gesagt: Mach uns Götter, die vor uns hergehen! […] Da fragte ich sie: Wer hat Gold? Sie rissen es sich ab und gaben es mir, und ich warf es ins Feuer, und dieses Kalb ist daraus hervorgegangen.« Einfach so, niemand konnte es sich richtig erklären (2. Mose 32; ELB).

– Jeremia war ein missliebiger Prophet, weil er unbequeme Wahrheiten verkündigte: dass Gott nämlich sein eigenes Volk bestrafen würde, weil es ihn vergessen hatte. Diese Abwendung von Gott zeigte sich nicht nur in der Vernachlässigung des Tempelgottesdienstes, sondern auch im Umgang der Menschen untereinander: Schwache und Wehrlose wurden an den Rand gedrängt und ungerecht behandelt. Daher hatte Gott beschlossen, sein Volk von dem gewaltigen Heer aus Babylon besiegen zu lassen. All das hatte Jeremia zu Papier gebracht, und das einzige Exemplar dieser Schriftrolle war auf verschlungenen Wegen zum König Jojakim gelangt, der diese Botschaft verständlicherweise nicht gerne hörte. Er ließ sich die Rolle Abschnitt für Abschnitt vorlesen, und nach jeweils drei oder vier Spalten holte er sein Messer hervor, trennte ein Blatt ab und warf es in das Kohlebecken, das man der winterlichen Kälte wegen angezündet hatte. Jeremia hätte er gerne auch noch verhaften lassen, doch der war nicht aufzufinden. Er diktierte seinem Schreiber Baruch noch einmal alle diese Worte, und so ist uns das Buch des Propheten Jeremia in voller Länge erhalten geblieben (Jeremia 36).

– Petrus verleugnete Jesus im Innenhof der hohepriesterlichen Gemächer, als er sich gerade an einer Feuertonne wärmte. Im flackernden Schein der Flammen erkannte ihn eine Magd, doch er bestritt, Jesus zu kennen (Markus 14).

Symbol der Herrlichkeit Gottes

Doch wie bereits erwähnt, findet sich in der Bibel auch eine Fülle von Stellen, in denen das Feuer eine symbolische Bedeutung besitzt. Praktisch immer wird es mit Gott selbst in Verbindung gebracht. Zunächst wurden Opfer oft im Feuer verbrannt, und zwar nicht erst seit Bestehen des Tempels. Schon in den fünf Büchern Mose werden Brandopfer erwähnt – von Kain und Abel oder auch Noah, um nur die ersten Beispiele zu nennen. Besonders dramatisch liest sich die Geschichte von Elia im Wettstreit mit den Baalspriestern. Letztere bitten ihren Gott Baal um Feuer vom Himmel, um das Opfer in Brand zu setzen, doch es will ihnen nicht gelingen. Elia dagegen lässt sein Opfer noch mit Wasser überschütten, und der Gott Israels schickt Feuer vom Himmel, das das Opfertier augenblicklich in Brand setzt (1. Könige 18). Ähnliches wird in 2. Chronik 7 erzählt. Bei der Weihe des neuen Tempels spricht König Salomo ein Gebet, und plötzlich »fuhr das Feuer vom Himmel herab und verzehrte das Brandopfer und das Schlachtopfer. Und die Herrlichkeit des Herrn erfüllte das Haus.« Damit ist zugleich auf einen zweiten Aspekt, so weit es die symbolische Bedeutung des Feuers betrifft, hingewiesen. Gott erscheint im Feuer, um sich den Menschen zu zeigen. Mose begegnete er im brennenden Dornbusch, dem Volk Israel auf der Wüstenwanderung in Rauch und Feuer: »Und der ganze Berg Sinai rauchte, weil der Herr im Feuer auf ihn herabkam« (2. Mose 19,18; ELB). Auch beim ersten Pfingstfest erschienen Feuerzungen, die sich auf den Köpfen der Apostel niederließen: ein Zeichen dafür, dass sie den Heiligen Geist empfangen hatten. Nun ist damit selbstverständlich nicht gesagt, dass Gott so aussieht. Vielmehr ist es ein Zeichen, das den Menschen – damals möglicherweise noch mehr als heute – etwas bedeutet und Ehrfurcht gebietet. Der unsichtbare Gott beschloss, sich den Menschen in einer Erscheinungsform zu zeigen, die ihnen etwas zu sagen hatte. Viel wichtiger aber ist die letztgültige Offenbarung Gottes, dass er nämlich in Jesus Mensch wurde. An Symbolen gibt es vieles zu deuten und zu deuteln, doch an dem Menschen Jesus kann man hautnah erleben, wie Gott ist.

Die Ehrfurcht gebietende Herrlichkeit Gottes kam mitunter auch in seinem Gerichtshandeln zum Ausdruck. Auf Sodom und Gomorra ließ er Schwefel und Feuer regnen, und im Neuen Testament, etwa Matthäus 25,41, symbolisiert das ewige Feuer das Gericht Gottes an denjenigen, die ihn in Wort und Tat abgelehnt haben.

Noch eine letzte symbolische Bedeutung wird dem Feuer in der Bibel zugesprochen. Paulus verwendet dieses Bild, um die Christen in Korinth daran zu erinnern, dass es nicht egal ist, wie man sein Leben gestaltet: »Wenn aber jemand auf den Grund Gold, Silber, kostbare Steine, Holz, Heu, Stroh baut, so wird das Werk eines jeden offenbar werden, denn der Tag wird es klarmachen, weil er in Feuer geoffenbart wird. Und wie das Werk eines jeden beschaffen ist, das wird das Feuer erweisen« (1. Korinther 3,12-13; ELB).

Im christlichen Gottesdienst gab es im Unterschied zum Judentum niemals eine Kulthandlung, die mit einem Feuer verknüpft war. Doch auch im Judentum werden seit der Zerstörung des herodianischen Tempels durch die Römer 70 n.Chr. keine Opfer mehr dargebracht und verbrannt.

Feuer in anderen Kulturen

In anderen Kulturen und Religionen spielte das Feuer ebenfalls eine bedeutende Rolle. Schon in der Bibel finden wir verstreute Hinweise, dass andere Kulturen genauso Feueropfer kannten, und manche dieser Praktiken hatten sich auch in Israel eingeschlichen. So wird in 2. Könige 16 von Ahas berichtet, dass er seinen Sohn gemäß der entsetzlichen Sitte benachbarter Völker »durchs Feuer gehen ließ« – ein kaum verschleierter Hinweis auf Menschenopfer, die die Bibel durchweg und entschieden verbietet.

Bis heute spielt das Feuer für die Anhänger des Zoroastrismus eine bedeutende Rolle. In ihren Feuertempeln brennt ständig eine heilige Flamme, die das reine Licht Gottes symbolisiert. Neben dieser Flamme ist jede künstliche Beleuchtung verboten, um die Herrlichkeit dieses Symbols nicht zu schwächen.

Auch im Hinduismus sind schon seit der Frühzeit Feueropfer nachweisbar, möglicherweise die ersten kultischen Handlungen, die mit dieser Weltreligion verknüpft sind. Einige der ältesten Veden erwähnen auch den Feuergott Agni. Aus dem römischen Kulturkreis sind die Penaten bekannt, Schutzgötter des heimischen Herdes, der als ihr Altar galt.

Fisch

Wie weithin bekannt ist, feierten die römischen Christen ihre Gottesdienste in den Katakomben unterhalb der Stadt. Von den Behörden verfolgt, kauerten sie in den muffig riechenden Höhlen und sangen beim Schein der blakenden Fackeln ihre Lieder. Kein Lichtschein, kein Geräusch drang nach draußen, und so waren sie sicher vor den Schergen des Kaisers. Wie gesagt: eine weithin bekannte Tatsache – aber trotzdem falsch. Die historische Forschung geht heute davon aus, dass die Katakomben tatsächlich nur für Begräbnisse und nicht für Gottesdienste genutzt wurden. Einen wahren Kern besitzt die Geschichte jedoch trotzdem. Innerhalb der Stadtmauern Roms waren Erdbestattungen verboten. Leichen wurden in der Regel verbrannt, doch diese Bestattungsmethode war den Christen zuwider. So hieben sie unterirdische Gänge in den weichen Tuffstein unter der Stadt, um dort die Leichname ihrer Verwandten und Freunde zur Ruhe zu betten. Die Wände schmückten sie mit Graffiti, verschiedenen Symbolen ihres Glaubens, die möglicherweise auch eine Orientierungshilfe boten, damit man sich in den düsteren verschachtelten Gängen besser zurechtfinden konnte. Ausgerechnet das Kreuz wird man dort jedoch vergeblich suchen, heute das bekannteste und eindeutigste Symbol des christlichen Glaubens überhaupt. Damals jedoch tat man sich aus verständlichen Gründen schwer damit, denn es war das Hinrichtungsinstrument, an dem man ihren Herrn und Gott zu Tode gefoltert hatte. Statt dessen findet man an den Wänden eine Reihe von anderen Christussymbolen: Hirte, Lamm, Anker, Pelikan, Weinstock, das Christusmonogramm oder auch einen Fisch.

Hinter diesem Fisch steckt noch ein kleines Geheimnis, das sich nur auf dem Umweg über das Altgriechische erschließt, eine der wichtigsten Sprachen der klassischen Antike. Nicht nur, dass das

Neue Testament auf Griechisch verfasst wurde – wenn Menschen mit unterschiedlicher Muttersprache damals im Mittelmeerraum zusammenkamen, bestanden gute Chancen, dass sie beide als Zweitsprache Griechisch beherrschten, oder genauer gesagt Koine, was »gemeinsam« bedeutet und eine etwas reduzierte Form des Griechischen bezeichnete. Im Grunde also der Art von Englisch sehr ähnlich, die wir benutzen, um im nicht deutschsprachigen Ausland eine Pizza zu bestellen. Nun heißt Fisch auf Griechisch Ichthys, und die einzelnen Buchstaben dieses Wortes stellen wiederum die Anfangsbuchstaben des Ausdrucks **I**esus **Ch**ristos **Th**eu H**y**ios **S**oter dar, zu Deutsch »Jesus Christus, Gottes Sohn und Retter«. Solch eine Konstruktion bezeichnet man übrigens als Akronym. Selbstverständlich wäre es möglich, sich eine ganze Reihe solcher Akronyme einfallen zu lassen. Auf Deutsch etwa: »Jesus, Oskulation Gottes, Heiland und Retter, Treu«, was dann »Joghurt« ergeben würde. (Und bevor Sie im Wörterbuch nachschauen: Oskulation bezeichnet in der Mathematik den Kontakt zweier Kurven und könnte symbolisch durchaus so aufgefasst werden, dass Gott in Jesus Mensch wurde und uns so ganz nahe kam.) Aber dennoch stimmt da etwas nicht. Joghurt ist einfach kein aussagekräftiges Symbol. Der Fisch schon, denn er kommt oft in der Bibel vor, symbolisch wie tatsächlich existierend. So nutzten ihn die Christen als Symbol und auch als geheimes Erkennungszeichen untereinander. Denn immer wieder brachen im Römischen Reich Verfolgungswellen über die junge christliche Gemeinde herein, und dann war es nützlich und lebensrettend, sich gegenseitig auf diskrete Weise über seinen Glauben zu informieren.

Menschenfischer

Gleich zu Anfang seines öffentlichen Wirkens beruft Jesus die beiden Fischer Simon und Andreas und fordert sie auf: »Kommt, mir nach! Ich werde euch zu Menschenfischern machen.« Natürlich klingt in diesem Vers der bisherige Beruf der beiden Neujünger nach. Gleichzeitig wurde dem Fisch damit jedoch auch eine neue symbolische Bedeutung zuteil: Er stand fortan für Menschen, die Jesus nachfolgten.

Die gedankliche Verbindung zwischen Fisch und Wasser legte dabei auch den Gedanken an die Taufe nahe. So bezeichnete man früher das Taufbecken als *piscina* (Fischteich) und Frischbekehrte als *pisciculi* (kleine Fische), wobei natürlich nicht gesagt sein will, dass gestandene Christen im Gegensatz dazu mit großen Haien zu vergleichen seien. Noch heute findet man auf manchem Taufbecken daher einen Fisch. Die ersten Christen dachten dabei nicht nur an das in zwei Evangelien überlieferte Jesuswort, sondern auch an eine Stelle aus dem alttestamentlichen Buch Hesekiel. Dort sieht der Prophet in einer Vision Wasser aus dem Tempel strömen – heilendes, Leben spendendes Wasser, in dem es »sehr viele Fische geben« wird (Hesekiel 47,9; ELB).

Jona und Tobit

Noch viele Male werden Fische in der Bibel erwähnt, wobei der symbolische Gehalt zwar hin und wieder eine gewisse Rolle spielt, aber nicht immer im Vordergrund steht. Man kann sie in zwei Klassen einteilen: diejenigen, die von Menschen verspeist werden, und diejenigen, bei denen der Prozess umgekehrt verläuft. In diese letzte Abteilung gehört vor allem der aus der Jonageschichte bekannte Fisch. Ob damit nun eigentlich ein Wal gemeint war, spielt kaum eine Rolle: Damals teilte man die Tierwelt noch nicht nach systematisch-zoologischen Kriterien ein, und in Israel bezeichnete man einigermaßen pauschal alles, was im Meer herumschwamm, als Fisch. Jona jedenfalls, so erzählt das nach ihm benannte Buch, versuchte einem Auftrag, den ihm Gott erteilt hatte, aus dem Weg zu gehen, floh auf einem Schiff, wurde nach einigen Komplikationen von der Besatzung über Bord geworfen und von besagtem Fisch verschluckt. Dort saß er nun, unbequem und im Dunkeln, aber in Sicherheit, bis ihn der Fisch wieder ausspuckte und er trockenes Land unter die Füße bekam. Besondere Bedeutung bekam diese Geschichte aus dem Jonabuch, weil Jesus sie einmal aufgriff und damit auf seinen eigenen Leidensweg hinwies: »So wie Jona drei Tage und drei Nächte im Bauch des großen Fisches verbracht hat, so wird der Menschensohn drei Tage und drei Nächte im Herzen der Erde sein« (Matthäus 12,40; ELB).

Im Buch Tobit, das zu den Spätschriften des Alten Testaments zählt, taucht im buchstäblichen Sinn ein Fisch auf, der den jungen Tobit beim Baden verschlingen will, also gewisse Ambitionen an den Tag legt, ebenfalls zur Klasse der Menschen verschlingenden Fische zu gehören. Doch ein Engel befiehlt Tobit, den Fisch zu packen, zu töten, die Eingeweide zu entnehmen und den Rest zu braten. So landete dieser Fisch also in der ersten Kategorie, der von den Menschen verspeisten Meerestiere, die für die Bibel durchaus nicht unwichtig ist.

Denn im Alten Testament werden alle tierischen Produkte in rein und unrein unterteilt. Für die im Wasser lebenden Tiere galt die Regel: Alles, was Flossen und Schuppen hat, darf verspeist werden. Damit war alles Wassergetier, was nach landläufiger Ansicht wie ein richtiger Fisch aussieht, zum Verzehr freigegeben, Muscheln, Krebse, Wale oder Fische mit untypischem Aussehen nicht. Zu neutestamentlicher Zeit galt diese Regel nach wie vor (und bis heute richten sich koscher geführte jüdische Haushalte danach).

Wunder- und Beispielfische

Bei einer Reihe der Wunder Jesu spielen Fische eine Statistenrolle. So etwa beim Fischzug des Petrus (in Lukas 5 zu finden), bei der Speisung der Fünftausend (Matthäus 14), der Speisung der Viertausend (Matthäus 15) oder der Geschichte, wie Petrus auf Jesu Befehl hin die Angel auswirft und im Maul des so gefangenen Fisches eine Münze findet, mit der er die Tempelsteuer bezahlt. All diese Wunder bezeugen, dass Jesus die ganze Schöpfung beherrscht, selbst Wesen, die man im Unterschied zu Hunden, Katzen und Rindern nicht domestizieren kann.

Auch als Beispiel müssen Fische herhalten. Im Alten Testament richtet der Prophet Hesekiel Drohworte gegen den ägyptischen Pharao: »[…] du großes Seeungeheuer […] Ich lege Haken in deine Kinnbacken und lasse die Fische deiner Ströme an deinen Schuppen haften und ziehe dich aus deinen Strömen herauf mit allen Fischen deiner Ströme, die an deinen Schuppen haften« (Hesekiel 29,3-5; ELB). Hier sind die Fische also ein Bild für Menschen, an denen Gott das Gericht vollzieht.

Auf Autos und Tellern

Heute wird man in Restaurants rund um den See Genezareth an die Geschichte erinnert, die sich vor zweitausend Jahren dort ereignete. Denn auf praktisch jeder Speisekarte steht der Tilapia oder Petrusfisch, nach dem Jünger benannt, der sich oft ohne nachzudenken für Jesus einsetzte und dabei manchmal versagte – und dem Jesus doch die Leitung der jungen Gemeinde anvertraute. Ansonsten begegnet man dem Fisch als Christussymbol immer häufiger in Form von Autoaufklebern. Hier wird die Tradition der frühen Christen wieder aufgenommen, die den Fisch als diskretes Erkennungszeichen benutzten. Doch inzwischen hat es sich immer weiter herumgesprochen, was dieser Fisch bedeutet, und so empfiehlt es sich, mit einem entsprechenden Aufkleber am Auto auch einen christlichen Fahrstil zu pflegen, um nicht in den Verdacht der Heuchelei zu kommen.

Glocke

Aufmerksame Leser der berühmten Ballade »Das Lied von der Glocke« bemerken es nach der Lektüre: Schiller war nicht vom Fach. Ihm entging völlig, dass eine Glocke herkömmlicher europäischer Bauart einen Klöppel braucht, um zu läuten – jedenfalls hat er ihn in seiner Ballade zu erwähnen vergessen. Ganz bildungsbeflissene Campanologen (also Glockenkundler, und dazu gehören Sie nach der Lektüre dieses Artikels auch halbwegs) können dagegen einwenden, dass die ersten Glocken der Welt, etwa um das Jahr 1000 v.Chr. in China hergestellt, tatsächlich keinen Klöppel besaßen, sondern von außen mit einem Hammer angeschlagen wurden – in diesem Fall spricht man allerdings nicht von Läuten. Von China aus verbreitete sich die Glocke über Russland – das einst das Land mit den meisten Glocken war – bis in den äußersten westlichen Zipfel Europas, nach Irland. Von dort stammt der deutsche Begriff; er leitet sich von dem alten keltischen Wort *clokka* ab, was so viel wie Schelle oder eben Glocke bedeutet. Im englischen Sprachraum geht das Wort *clock* für große Uhren mit Schlagwerk, die man nicht am Körper trägt, ebenfalls auf diesen Ursprung zurück, und damit wäre nebenbei auch geklärt, warum man dort zwischen *watch* für Taschen- und Armbanduhren und *clock* für schwerere Exemplare unterscheiden muss.

Glocken statt Blitzableiter

Zunächst benutzte man Glocken für ganz profane Aufgaben, etwa um die Hausklaven morgens aus dem Schlaf zu reißen. Später schrieb man ihnen dann in den verschiedenen Kulturkreisen und Religionen, wo sich die Glocke einbürgerte, eine Unheil abwehrende (sogenannte apotropäische) Funktion zu, etwa zum Schutz gegen Geister. Diese vorgebliche Schutzwirkung, die man am ehesten unter dem Kapitel Aberglauben verbuchen sollte, drang auch in das Christentum ein. Um noch einmal auf Schillers Glocke zurückzukommen: Das der Ballade vorangestellte lateinische Motto lautet: »Vivos voco / Mortuos plango / Fulgura frango.« Übersetzt bedeutet das: Die Lebenden rufe ich, die Toten beklage ich, Blitze breche ich. Denn vor dem Zeitalter der Blitzableiter war es üblich, bei Gewitter die Glocken zu läuten und darauf zu hoffen, dass das Gewitter dann keinen Schaden anrichten würde. Auch die Glocken, die man dem Vieh umbindet, damit es nicht verlorengeht, dienten ursprünglich als Amulett. In der Frühzeit des Christentums band man sogar Kindern Glocken um den Hals, um sie vor Unheil zu schützen – ein abergläubischer Brauch, den Chrysostomus (354–407 n.Chr.), einer der beredtesten Prediger der Ostkirche, scharf kritisierte.

Signalwirkung

In späteren Zeiten rückte die apotropäische Funktion der Glocke – die ohnehin niemals zum Kernbestand des christlichen Glaubens gehört hatte – in den Hintergrund, und Glocken dienten nun dazu, die Gläubigen zum Gottesdienst einzuladen. Im Grunde kehrte man damit zur Signalfunktion zurück, die die Glocke anfangs innegehabt hatte, und streifte damit jede symbolische Wirkung ab. Auch das Glockengeläut in der katholischen Kirche bei der Eucharistie hat eher Signal- als symbolischen Charakter, indem es den Augenblick anzeigt, indem nach katholischer Auffassung die Wandlung stattfindet.

Während der Zeit der nationalsozialistischen Herrschaft in Deutschland ging aber zuweilen von den Glocken wahrhaft beredtes Schweigen aus. Beispielhaft sei hier die Geschichte des Korbinian Aigner, eines katholischen Pfarrers im bayrischen Sittlingen genannt. Als entschiedener Gegner der Nationalsozialisten weigerte er sich, als am 26. März 1936 anlässlich eines hitlerschen Friedensappells im ganzen Land die Glocken läuten sollten, dem Beispiel der anderen Kirchengemeinden zu folgen. Und die Herrscher des Gewaltstaates nahmen die symbolische Botschaft sehr wohl zur Kenntnis: Diese Kirche gibt zu den Worten des Reichskanzlers nicht ihren Segen. Aigner trug das zunächst eine Strafversetzung ein, nach weiteren kritischen Äußerungen dann eine Geldstrafe, Haft und schließlich Konzentrationslager. Im Dachauer Konzentrationslager, wo er in der Gärtnerei arbeitete, züchtete er vier neue Apfelsorten, die er KZ1 bis KZ4 nannte. Zu Ehren seines hundertsten Geburtstages wurde eine von ihnen in »Korbiniansapfel« umbenannt – eine heute noch gängige Apfelsorte.

Glockenspeise und gekröpftes Joch

Traditionell werden Glocken aus Bronze gegossen (Fachleute reden von der Glockenspeise, wenn sie das kochende flüssige Metall meinen), weil diese Legierung witterungsbeständig ist, einen angenehmen Klang hervorbringt und relativ leicht ist – jedenfalls wenn man sie mit Stahl vergleicht, der bis 1970 einer Bochumer Gießerei als Ausgangsmaterial für den Glockenguss diente. Der Klang einer Glocke wird jedoch nicht nur vom Material bestimmt, sondern auch von der Aufhängung. Am sogenannten geraden Joch kann sie frei hin- und herschwingen, was einen schönen, leicht schwebenden Klang zur Folge hat. Für diese Wirkung ist der Dopplereffekt verantwortlich, der gleiche Effekt übrigens, der dafür sorgt, dass das Martinshorn eines näher kommenden Polizeiwagens höher und höher klingt, während die Tonhöhe sinkt, wenn er sich wieder entfernt. Am gekröpften Joch dagegen dreht sich die Glocke nur leicht um ihre eigene Achse, und der Ton wirkt etwas gleichförmig und starr – also nicht zu empfehlen, falls Sie jemals in die Lage kommen, über die Anschaffung und Aufhängung neuer Glocken zu entscheiden.

Die schwerste Glocke der Welt übrigens wiegt 200 Tonnen. Sie steht im Moskauer Kreml – ganz recht, sie hängt nicht, und sie wurde auch niemals geläutet. Die schwerste freihängende Glocke, die Millenniumsglocke, in Newport im US-amerikanischen Bundesstaat

Kentucky, bringt immerhin noch 33 Tonnen auf die Waage. Und die schwerste freischwingende Glocke, also am geraden Joch, ist der »dicke Pitter« im Kölner Dom, mit einem Gewicht von immer noch beeindruckenden 24 Tonnen.

Glocken und Schellen in der Bibel

In der Bibel kommen Glocken nicht allzu häufig vor. Im 2. Buch Mose findet man Anweisungen für die Anfertigung der Priestergewänder, so etwa in 28,33: »An seinem unteren Saum sollst du Granatäpfel aus violettem und rotem Purpur und Karmesinstoff anbringen, ringsum an seinem Saum, und zwischen ihnen ringsum goldene Glöckchen« (ELB). Eine Erklärung dafür findet sich in 2. Mose 28,35: »Und Aaron soll [das Gewand mit den Glöckchen] anhaben, um darin den Dienst zu verrichten, und der Klang soll gehört werden, wenn er ins Heiligtum hineingeht vor den HERRN, und wenn er herausgeht, damit er nicht stirbt« (ELB). Auf diese Weise erinnerten die Glöckchen (oder Schellen, wie Luther den Begriff übersetzte), dass ein Mensch in seiner Begrenztheit die Heiligkeit und Größe Gottes eigentlich nicht erleben konnte, ohne ernsthaft Schaden zu nehmen. Allein Priester durften das Heiligtum betreten, und das eben auch nur in ihrer Eigenschaft als Priester und nicht als besonders begnadete Menschen, sondern nur, wenn sie die entsprechenden Gewänder angelegt hatten.

Seit der Zerstörung des Jerusalemer Tempels 70 n.Chr. werden keine Opfer mehr dargebracht, und der Tempelgottesdienst hat dem Synagogengottesdienst Platz gemacht. Daher gibt es auch keine Priester mehr, und der an seine Stelle getretene Rabbiner versteht sich eher als Gelehrter und leitender Mitarbeiter der Synagogengemeinde. Im Christentum hat sich das Verständnis der Heiligkeit Gottes ebenfalls gewandelt, denn Christen glauben an einen Gott, der uns in Jesus unendlich nahe gekommen ist, einen Gott, dem man sich ehrfürchtig nähert, der aber zulässt und sich wünscht, dass jeder einzelne Mensch ihn sucht und findet, weil er selbst jeden einzelnen Menschen gesucht und gefunden hat.

Hahn

Wie kommt der Hahn auf die Kirchturmspitze? Eigentlich ist diese Frage gar nicht genau genug gestellt, denn neben Hähnen finden sich auch Kreuze oder Schwäne, manchmal (im Fall von Seefahrerkirchen) sogar Koggen oder Nixen auf dem Turmdach.

Die Sitte, einen Hahn auf der höchsten Stelle eines Kirchengebäudes zu installieren, geht unmittelbar auf eine biblische Begebenheit zurück. In der Nacht, als Jesus vor dem Hohen Rat verhört wurde, schlich sich Petrus in den Hof, um seinem Herrn und Meister nahe zu sein. Vorher hatte er den Mund recht voll genommen: »Wenn alle weglaufen und dich im Stich lassen – ich nicht!« Jesus hatte darauf erwidert: »Noch bevor in dieser Nacht der Hahn kräht, wirst du mich dreimal verleugnen!« Und so geschah es: Dreimal leugnete er, als man ihn direkt auf seine Bekanntschaft mit Jesus von Nazareth ansprach, irgendetwas mit diesem Mann zu tun zu haben, ja ihn überhaupt nur zu kennen.

So wurde der Hahn im christlichen Gedankengut zum Symbol der Wachsamkeit – und auch dafür, dass Menschen, die eigentlich guten Willens sind, ihre Versprechen nicht immer halten. Wie schrieb schon Paulus: Der Geist ist willig, aber das Fleisch ist schwach.

Da nach katholischer Auffassung Petrus der erste Papst war, machte sich die katholische Kirche dieses Symbol zu eigen – im Grunde ein recht sympathischer Zug, der deutlich macht, dass auch geistliche Vorbilder wie Petrus nicht vollkommen sind und ganz und gar auf Gott angewiesen sind. Da bilden auch Päpste keine Ausnahme.

Die zweite Kirche, die sich den Hahn zum Symbol auserkoren hat, ist die reformierte Kirche, die ihr Entstehen den Schweizer Reformatoren Calvin und Zwingli verdankt. Von der Schweiz breitete sich die

Reformation über Frankreich und die Niederlande bis nach Westdeutschland aus, und beim Hahn auf einem reformierten Kirchturm schwingt nicht nur der Gedanke an Petrus' Versagen, sondern auch die Erinnerung an den Durchzug durch Frankreich mit, denn der »Gallische Hahn« ist das französische Nationalsymbol.

Im Prinzip kann man also der Kirchturmspitze die Konfession ansehen, wobci der Hahn in Norddeutschland eher auf eine reformierte Kirche hindeutet, anderswo auf eine katholische. Kreuze signalisieren eine katholische oder freikirchliche Gemeinde – nur der Schwan weist immer und ohne Ausnahme auf eine lutherische Kirche hin. Es gibt kurz gesagt einfachere und eindeutigere Methoden festzustellen, was für eine Kirche man vor sich hat.

Schon seit dem neunten Jahrhundert sind Wetterhähne auf Kirchturmspitzen bezeugt. Indem man den Hahn nicht fest auf dem Kirchturm installierte, sondern drehbar auf einer Achse, verband man das Angenehme mit dem Nützlichen: So konnte man nicht nur feststellen, aus welcher Richtung der Wind wehte, sondern vermied auch Gebäudeschäden. Ein unbeweglicher Hahn hätte dem Wind, wenn er ungünstig stand, so viel Angriffsfläche geboten, dass er das Turmdach in Mitleidenschaft gezogen hätte.

Heiligenschein

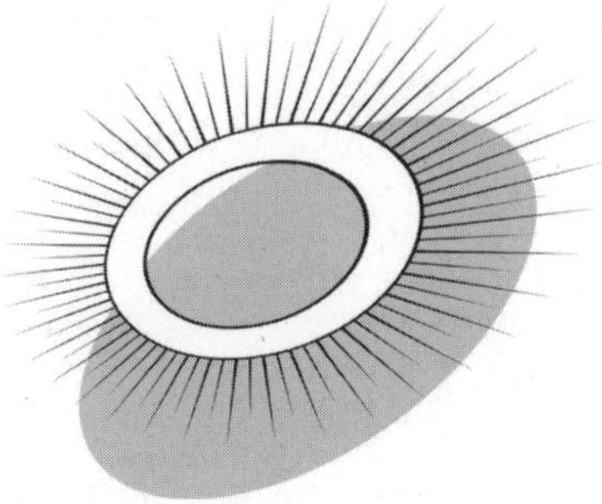

Nur wenige Menschen wissen, dass man sich seinen eigenen Heiligenschein herstellen kann. Man braucht dazu lediglich etwas Morgensonne und eine taufeuchte Wiese, vorzugsweise mit Quecke und Wiesenknopf bewachsen, in deren feinen Härchen sich besonders kleine Tautröpfchen fangen. Diese Tropfen bündeln das Licht wie kleine Linsen, und mit der Sonne im Rücken kann man um den Schatten seines eigenen Kopfes einen strahlenden Lichtkranz sehen. Dieses optische Phänomen wird aus naheliegenden Gründen als Heiligenschein bezeichnet. Allerdings hebt es sich in einem entscheidenden Aspekt von dem Heiligenschein ab, den man aus christlichen Kunstwerken kennt: Selbst wenn drei oder vier Menschen frühmorgens unter idealen Bedingungen auf einer feuchten Wiese dieses Experiment durchführen, kann jeder nur seinen eigenen Heiligenschein wahrnehmen, doch nicht den der anderen – im Grund ein also eher egozentrisches oder eben scheinheiliges Phänomen, ausschließlich sich selbst im allerbesten Licht zu sehen.

Griechische Götter und römische Kaiser

Tatsächlich ist der Heiligenschein (oder Nimbus, wie Fachleute sagen, was auf Deutsch »Wolke« oder »Nebelhülle« bedeutet) keine Erfindung der christlichen Kunst. Schon in vorchristlicher Zeit wurden griechische Götterfiguren oder -darstellungen mit einem Strahlenkranz oder einem hell scheinenden Ring umgeben. Möglicherweise – so lautet jedenfalls eine Theorie – geht dies schlicht und einfach darauf zurück, dass solche Götterstatuen mit Metallscheiben gegen den Regen geschützt wurden, und diese Scheiben wurden dann auch in die bildliche Darstellung übernommen. Einer anderen Theorie zufolge entwickelte sich der Nimbus aus dem Strahlenkranz, der den Sonnengott symbolisierte. In späterer Zeit ließen sich auch römische Kaiser, die den Anspruch auf Göttlichkeit erhoben, mit einem Nimbus zeigen. Man findet solche Darstellungen zum Beispiel auf römischen Münzen. Auch im Islam und im Buddhismus kennt man den Heiligenschein: Der schiitische Gelehrte Ali Ibn Abu Talib, ein Cousin und Schwiegersohn Mohammeds, wird manchmal mit einem Nimbus dargestellt, und ebenso kennt man Buddhastatuen mit einer Aureole.

Der Nimbus in der christlichen Kunst

In der christlichen Kunst hielt der Heiligenschein erst recht spät Einzug. Um die Mitte des vierten Jahrhunderts finden sich die ersten Darstellungen, die den auferstandenen Christus als Lehrer und Gesetzgeber mit einem Heiligenschein zeigen. Etwa fünfzig Jahre später veränderte sich die Gestaltung leicht: Die drei göttlichen Personen Vater, Sohn und Heiliger Geist werden mit einem von einem Kreuz durchbrochenen Nimbus dargestellt. Etwa um diese Zeit begann man auch Engeln einen Heiligenschein beizugeben, später auch Maria, Märtyrern und Aposteln.

Noch einige Jahrhunderte später, im ausgehenden Mittelalter, entwickelte sich die perspektivische Malerei, und man konnte nun auf einer zweidimensionalen Fläche dreidimensionale Gegenstände abbilden. Auch der Heiligenschein, bisher eine flache, in hellen Farben gemalte Scheibe, wurde zu einem schmalen goldenen Reif verfeinert, der über dem Haupt des oder der Abgebildeten schwebte.

Übrigens musste ein Heiligenschein nicht immer rund sein. War der Dargestellte zur Zeit der Anfertigung des Porträts noch am Leben (und damit naturgemäß noch nicht heiliggesprochen), stellte man ihn mit einem rechteckigen Heiligenschein dar.

Nun ist Heiligenschein nicht gleich Heiligenschein. Man unterscheidet mehrere Formen:

Kleiner Nimbus: auch Gloriole genannt, eine Lichtscheibe oder ein Lichtkreis um das Haupt.

Kreuznimbus: von einem Kreuz durchbrochener Nimbus, der der Darstellung göttlicher Personen vorbehalten war.

Aureole: runder Heiligenschein, der die gesamte Figur, nicht nur das Haupt, umgibt. Er war vor allem in Darstellungen der Himmelfahrt Christi gebräuchlich.

Mandorla: mandelförmiger Heiligenschein, der die gesamte Figur umgibt. Er war vor allem in der Kunst der westlichen Kirche beliebt, während man in der Ostkirche den runden Heiligenschein bevorzugte.

Da der Heiligenschein auf vorchristliche Vorbilder zurückgreift, verwundert es nicht, dass sich kaum biblische Anklänge dazu finden lassen. Dennoch gibt es einige Bibelstellen, von denen sich Künstler inspirieren ließen. Zum Beispiel kann man in Offenbarung 12,1 lesen: »Ich sah eine Frau, die mit der Sonne bekleidet war, den Mond unter ihren Füßen hatte und eine Krone aus zwölf Sternen auf ihrem Kopf trug.« Dieser Vers lieferte die biblische Begründung, Maria mit einem Nimbus darzustellen. Die synoptischen Evangelien erzählen von der Verklärung Jesu. Drei seiner Jünger zeigte er sich auf einem Berg in seiner Herrlichkeit: »Plötzlich veränderte sich sein Aussehen. Sein Gesicht leuchtete wie die Sonne und seine Kleidung wurde strahlend weiß« (Matthäus 17,2; NL). Da ist es kein großer Sprung vom biblischen Bericht bis zur künstlerischen Gestaltung. Auch im Alten Testament wird von Gottesoffenbarungen berichtet, etwa in 2. Mose 19. Das Volk Israel wanderte nach dem Auszug aus Ägypten durch die Wüste, und am Berg Sinai zeigte sich ihnen ihr Gott: »Am Morgen des dritten Tages begann es zu donnern und zu blitzen und eine dichte Wolke umgab den Berg. […] Der ganze Berg Sinai war in Rauch gehüllt, denn der Herr war im Feuer auf ihn herabgekommen« (2. Mose 19,16.18; NL). Hier muss man sich kurz ins Gedächtnis rufen, dass der Begriff *Nimbus* »Wolke« oder »Nebel« bedeutet, und dann wird verständlich, dass auch dieser biblische Bericht eine Vorlage für die künstlerische Darstellung des Nimbus lieferte.

Hirte

David, seines Zeichens König, Hirte und Dichter, fasste seine Beziehung zu Gott in Worte, die im Juden- und Christentum bis heute lebendig geblieben sind: »Der HERR ist mein Hirte, mir wird nichts mangeln. Er lagert mich auf grünen Auen, er führt mich zu stillen Wassern.«

Den damaligen Hörern der biblischen Texte war dieses Bild vertrauter als uns heute, denn Schafe und Hirten gab es in Israel überall. Dabei hatten es die Hirten zur Zeit der Bibel noch schwerer als heute, denn sie standen mit Leib und Leben für das Wohlergehen ihrer Schafe ein. Von David wird berichtet, dass er es mit Löwen und Bären aufnahm, die seiner Herde zu nahe kamen. Außerdem gehörte es zu den Aufgaben eines Hirten, die Schafe zu guten Weideplätzen und Wasserstellen zu führen, die im trockenen israelischen Klima nicht überall anzutreffen sind. Kurz – der Hirte sorgt unter Einsatz seines Lebens für die ihm anvertrauten Schafe, und daraus erklärt sich auch die Beliebtheit dieses Bildes im Alten und im Neuen Testament.

Dabei ist der berühmte Psalm 23 nicht die einzige Bibelstelle, in der Gott mit einem guten Hirten verglichen wird, der sich um seine Schafe kümmert. Auch in Psalm 80 – »Du, Hirte Israels« – wird dieser Vergleich aufgegriffen, in so bewegenden Worten, dass dieser Psalm von vielen Komponisten vertont wurde, von berühmten wie Johann Sebastian Bach, aber auch weniger bekannten wie Emil Naumann (1827–1888), einem Schüler Mendelssohn Bartholdys, oder Albert Ernst Anton Becker, der zwischen 1834 und 1899 lebte. So wirken diese Worte in der Kirchenmusik bis in die jüngste Vergangenheit nach.

Im Alten Testament wird aber nicht allein Gott mit einem Hirten verglichen, sondern auch die weltlichen Herrscher und Fürsten – wobei es sich hier nicht immer zwingend um *gute* Hirten handelte. Die schlechten Hirten (von ihnen ist beispielsweise Jesaja 56,11; Hesekiel 34,2 und Sacharja 11,7 die Rede) zeichnen sich dadurch aus, dass sie die Herde im Stich lassen, nur auf ihren Vorteil bedacht sind und sich selber weiden, sich also gewissermaßen zum Oberschaf machen.

Die Vielzahl von Hirtenbildern geht natürlich auf die unüberschaubare Menge von tatsächlich existierenden Hirten zurück, von denen die Bibel auch häufig erzählt, etwa Abraham, Jakob oder David. Allerdings wird nur eine einzige Hirtin in der Bibel erwähnt, nämlich Rahel in 1. Mose 22,9, die kaum eine Wahl hatte, was ihren Beruf anging, wenn das Sprichwort »Nomen est omen« tatsächlich zutreffen sollte – ihr Name bedeutet nämlich Mutterschaf.

Im Neuen Testament treten die real existierenden Hirten vor den symbolisch gemeinten auf. Die Hirten aus Bethlehem waren die Ersten, denen die Engel die Geburt Jesu verkündigten. Dass die Engel ihre Botschaft zunächst den Bethlehemer Hirten übermittelten, trägt jedoch durchaus eine symbolische Bedeutung in sich. Denn Hirten galten in der Welt des Neuen Testaments nicht viel. Die Pharisäer stellten sie als Nichtsnutze hin, in eine Reihe mit Zöllnern und Sündern. Nicht einmal vor Gericht galt ihre Aussage etwas, ihren Worten schenkte man grundsätzlich keinen Glauben. So wird in der Weihnachtsbotschaft deutlich: Gott kommt zu den Verachteten und Ausgestoßenen.

Jesus greift die alttestamentlichen Bildworte auf, wenn er sich im Johannesevangelium als guter Hirte bezeichnet, der sein Leben für die Schafe lässt. Wie oben beschrieben, riskierten die real existierenden und nicht symbolisch gemeinten Hirten tatsächlich mitunter ihr Leben für die Schafe. Zum Beispiel dann, wenn sie sich in der Nacht in den Eingang zum ummauerten Schafpferch legten und so den Zugang zu den Schafen persönlich überwachten. Wer die Schafe stehlen wollte, musste also zunächst den Schäfer überwältigen und dann buchstäblich über seine Leiche gehen, um sich die Diebesbeute zu sichern. Vor diesem Hintergrund ist auch das Jesuswort in Johannes 10,7 zu verstehen: »Ich bin die Tür zu den Schafen« (LUT). Es handelt sich in Wirklichkeit um ein und denselben Vergleich.

Wie im Alten Testament nicht nur Gott, sondern auch die Fürsten mit Hirten verglichen wurden, so zielt dieses Bildwort im Neuen Testament nicht nur auf Christus selbst, sondern auch auf leitende Persönlichkeiten in der Gemeinde. Der erste Nachfolger Christi, dem diese Aufgabe anvertraut wird, ist Petrus, als er vom auferstandenen Christus den Auftrag erhält: »Weide meine Lämmer« (Johannes 21,15; NL). Auch in Epheser 4,11 werden die Leiter der Ortsgemeinden als Hirten bezeichnet. Damit ist gleichzeitig ihr Aufgabenfeld umschrieben: Weder sollen sie als besonders wichtige Oberschafe den anderen Herdenmitgliedern das saftigste Gras vor dem Maul wegfressen, noch sind sie zu Hütehunden berufen, die unbotmäßigen Schafen in die Haxen beißen und sie so wieder auf den rechten Weg zurückbringen sollen.

Bis heute ist das Bild vom Hirten in den Kirchen lebendig: In der katholischen Kirche verliest man in kritischen Situationen Hirtenbriefe vor den Gemeindeschäfchen, die sie bildlich gesprochen zum frischen Wasser und saftigem Gras führen sollen, und der »Herr Pastor« in den evangelischen Kirchen ist nichts anderes als die lateinische Bezeichnung für den Hirten.

Kreuz

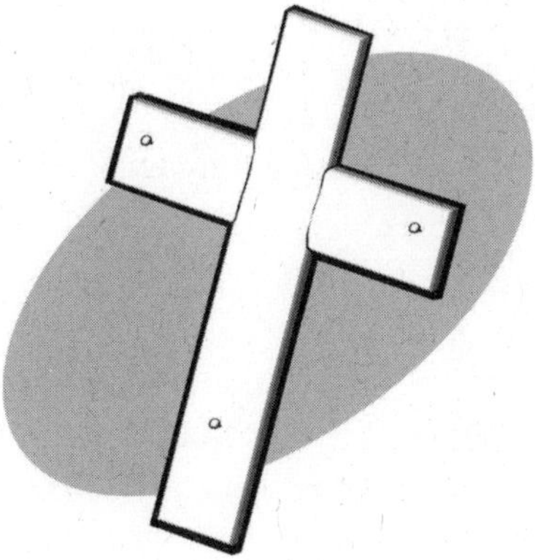

Das Kreuz ist das Symbol des Christentums schlechthin. Es gibt kaum eine Kirche oder Gemeinde, in der man es nicht findet: auf der Kirchturmspitze, im Altarraum oder vorn auf der Kanzel. Doch das war nicht immer so. In den ersten drei nachchristlichen Jahrhunderten vermied man dieses Symbol völlig.

Der gekreuzigte Jesus

Das hatte seinen Grund. Denn das Kreuz war ein Hinrichtungsinstrument. Schlimmer noch, es handelte sich dabei um eine besonders qualvolle und grausame Form der Todesstrafe, die die Römer niemals an Bürgern ihres Reichs vollstreckten, sondern ausschließlich an entlaufenen Sklaven und Rebellen gegen Kaiser und römische Besatzungsmacht. An solch einem Kreuz war auch Jesus, den die Christen als Herrn verehrten, in Jerusalem hingerichtet worden. Den Evangelienberichten können wir entnehmen, dass die Hinrichtung Jesu so ablief, wie wir es auch aus außerbiblischen Quellen wissen: Das Todesurteil wurde vom römischen Statthalter – in diesem Fall Pilatus – ausgesprochen, denn er war der Einzige, der in der von den Römern besetzten Provinz Palästina das Recht dazu besaß. Daraufhin wurde der Verurteilte gegeißelt, das heißt mit einer Peitsche geschlagen, in die man kleine Knochen- oder Metallsplitter eingeflochten hatte. Nicht selten führte bereits die Geißelung zum Tod des Delinquenten. Wenn er diese Tortur überstand, zwang man ihn, den Querbalken des Kreuzes zur Richtstätte zu tragen. Dort nagelte man seine Handgelenke am Querbalken an und setzte diesen dann auf einen schon aufgerichteten senkrechten Pfahl auf. An diesem Pfahl war mitunter ein Schild angebracht, das den Grund für das Todesurteil angab, der sogenannte *titulus*. Die Füße des Verurteilten wurden verdreht und in dieser unnatürlichen Stellung angenagelt. Manchmal war am Kreuz ein kleines Brett in Höhe der Füße oder des Gesäßes angebracht, auf das sich der Verurteilte stützen konnte. So hing er in der sengenden Sonne, bis der Tod durch Kreislaufkollaps eintrat – manchmal erst nach zwei oder drei Tagen. Wenn den Henkern das Sterben zu lange dauerte, brachen sie dem Verurteilten mit einem Knüppel – dem sogenannten *crurifragium* – die Beine, sodass er sich nicht mehr abstützen konnte. In Panik und Todesangst zog sich der Verurteilte dann an den Armen hoch, um Luft zu bekommen, bis er schließlich starb.

Wie gesagt: Die Darstellung des Leidens, Sterbens und der Hinrichtung Christi stimmt mit dem überein, was wir aus anderen zeitgenössischen Quellen über die Kreuzigung wissen. Doch gibt es entscheidende Unterschiede. Zunächst einmal war Jesus weder ein entlaufener Sklave noch ein Rebell gegen die römischen Besatzer. Zwar wurde er aufgrund dieses Anklagepunktes zum Tode verurteilt, doch lag dies daran, dass die religiösen Führer einen Grund brauchten, ihn der Besatzungsmacht auszuliefern. Eigentlich störten sie sich an seinem Anspruch, Gottes Sohn zu sein – in ihren Augen eine ungeheuerliche Gotteslästerung. In einem nächtlichen Verfahren versuchten sie ihn unter Ausschluss der Öffentlichkeit mit gekauften Zeugen der Anklage zu überführen. Endlich bekamen sie das zu hören, was sie hören wollten – Jesus bezeichnete sich selbst als Gottes Sohn. Daraufhin wurde er den römischen Behörden unterstellt, mit der Begründung, dass er dem Kaiser gefährlich werden könne. Der zweite, noch wichtigere Unterschied liegt darin, dass Jesus, wie die Christen glauben, nicht im Tod geblieben, sondern auferstanden ist. Er hat den Tod besiegt.

Kein Wunder also, dass man in den ersten christlichen Gemeinden keinen Wert auf das Kreuz legte: Das war ein Symbol der schändlichen Niederlage, der Tiefpunkt der Geschichte mit Jesus, aber nicht ihr Ende, denn Jesus war nach der Auferstehung zum Himmel aufgefahren. Seine Kraft begleitete sie, und er selbst würde am Ende der Zeiten wiederkommen. Daher stellte man Christus als Weltenherrscher dar oder als guten Hirten. Wenn man symbolische Darstellungen einsetzte, wählte man etwa Fisch, Delfin oder Pelikan, doch niemals das Kreuz.

Das Christentum wird Staatsreligion

Das änderte sich mit Konstantin, der 306 nach Christus den römischen Kaiserthron bestiegen hatte, sich jedoch mit seinem Konkurrenten Maxentius auseinandersetzen musste, der ihm diesen Anspruch streitig machte. Am Vorabend der entscheidenden Schlacht gegen seinen Herausforderer soll Konstantin von einem Kreuz geträumt haben. Dazu hörte er eine Stimme: »In diesem Zeichen wirst du siegen.« Und als er die Schlacht tatsächlich gewann, kam er zu dem Schluss, dass an dem Christentum etwas dran sein müsse. Er bekehrte sich nicht nur selbst zu diesem Glauben, sondern förderte ihn auch bewusst. Zwei Generationen später wurde das Christentum zur römischen Staatsreligion erhoben. Damit war aus dem Kreuz ein Triumphzeichen geworden, und nun hielt es auch Einzug in die christliche Kunst. Die erste Darstellung, die wir kennen, stammt aus dem Jahr 430 und findet sich auf der Holztür der Kirche Santa Sabina auf dem Aventin in Rom.

Zunächst sollte das Kreuz schlicht und einfach an Jesus erinnern, der gekreuzigt worden war und dann vom Tod auferstand. Im Lauf der Zeit begann man aber, das Zeichen selbst als heilig zu betrachten und ihm eine gewisse magische Wirkung zuzuschreiben. Zu Konstantins Zeiten hatte man manche Kirchen mit einem Fußbodenmosaik in Kreuzform geschmückt. Nun aber beschloss Kaiser Theodius I. etwa einhundert Jahre nach Konstantin, diese Beläge aus den Kirchen herausreißen zu lassen, damit das heilige Zeichen nicht mit Füßen getreten wurde.

Das Kreuz, an dem Jesus hingerichtet worden war, galt natürlich erst recht als heilig. Konstantins Mutter Helena reiste, so will es jedenfalls die Legende wissen, nach Jerusalem, machte sich dort auf die Suche nach dem »wahren Kreuz« und wurde tatsächlich fündig. Was sie dort wirklich ausgrub, wissen wir natürlich nicht. Es ist höchst unwahrscheinlich, dass es sich um das »wahre Kreuz« handelte. Der größere Teil des Kreuzes verblieb in Jerusalem, den anderen schickte Helena ihrem Sohn nach Konstantinopel. Mit der Zeit kamen viele Kirchen im Gebiet des Römischen Reiches in den Besitz wenigstens eines winzigen Splitters. Doch profitierten auch Fälscher von dieser Jagd nach dem »wahren Kreuz«: Wollte man heute alle vermeintlich echten Splitter des vermeintlich echten Kreuzes zusammentragen, könnte man daraus wohl ein großes Blockhaus errichten. In Jerusalem entdeckte Helena bei dieser Gelegenheit das Gewand, das Jesus vor der Kreuzigung getragen haben soll. Auch hier saß sie höchstwahrscheinlich einer Täuschung auf, doch das Gewand ist bis heute als »Trierer Rock« bekannt und stellt ein beliebtes Pilgerziel dar.

Das christliche Abendland

Mit Konstantin also war aus dem Abendland das *christliche* Abendland geworden. Thron und christlicher Glaube waren nun untrennbar miteinander verknüpft. Ein sinnfälliges Zeichen dafür sind die sogenannten Reichskleinodien der deutschen Kaiser, die heute in Wien ausgestellt werden: neben Reichsapfel und Zepter, mit einem Kreuz versehen, auch das Reichskreuz. Es diente als Staurothek, was wörtlich übersetzt »Kreuzbehälter« bedeutet. Im Schaft nämlich wurden Splitter des »wahren Kreuzes« aufbewahrt. Auch auf Münzen war der Kaiser oft mit einem Kreuz abgebildet. Da das Kreuz nicht nur als Herrschaftszeichen, sondern auch Glück bringendes Symbol galt, gaben sich viele deutsche Kaiser einem regelrechten Sammelfieber hin und versuchten möglichst viele Kreuze in ihrer Kapelle zusammenzutragen.

Das Kreuz in außerchristlichen Kulturkreisen

Nun liegt es in der Natur eines Symbols, dass man alle möglichen Bedeutungen hineinlegen kann, wie es ja im christlichen Abendland auch geschah. Es galt als Zeichen des Triumphs und der Niederlage, manchmal betrachtete man es als schlichtes Erinnerungszeichen, manchmal schrieb man ihm magische Kräfte zu. Als die ersten Europäer nach Südamerika vordrangen, hielten sie sich diese Bedeutungsvielfalt jedoch nicht vor Augen, als sie bei den Azteken entdeckten, dass eine bestimmte Figur immer mit einem Kreuz dargestellt wurde. Wie selbstverständlich gingen sie davon aus, dass wohl ein christlicher Apostel abgebildet sein müsse. Erst später erfuhren sie, dass es sich hier um den Gott Quetzalcoatl handelte und das Kreuz für die vier Himmelsrichtungen stand.

Auch in anderen Kulturkreisen ist das Kreuz seit alters her bekannt. In der Frühantike verzierte man damit etwa Tongefäße, in Ägypten kannte man das Ankerkreuz als Symbol für das Leben nach dem Tod, und in Skandinavien brachte man das Radkreuz, ein Kreuz mit gleichlangen Schenkeln, um das ein Kreis geschlagen war, mit einem Fruchtbarkeitskult in Verbindung.

Evangelisch, katholisch, orthodox

Auch im Christentum bildeten sich verschiedene Kreuzformen heraus. Es gab das lateinische Kreuz, dem man am häufigsten begegnet, bei dem der senkrechte Balken länger ist als der Querbalken, das griechische Kreuz mit vier gleichlangen Schenkeln, das Andreaskreuz, das wir von Bahnübergängen kennen und das unserem X ähnelt, das Malteserkreuz mit vier Doppelspitzen und noch viele andere. Auch in den verschiedenen Konfessionen werden unterschiedliche Formen bevorzugt. Aus der katholischen Kirche kennt man das Kruzifix, die Darstellung des leidenden Jesus am Kreuz. In evangelischen Kirchen dagegen findet man das leere Kreuz, das auf den entscheidenden Glaubenssatz des Christentums hinweist: Jesus Christus ist nicht im Tod geblieben, sondern hat ihn besiegt. In der orthodoxen Kirche hat sich wiederum eine besondere Form mit drei Querbalken herausgebildet. Ein kleiner schräger Balken über dem großen Querbalken deutet den *titulus* mit der Aufschrift »Dies ist Jesus, der König der Juden« (Matthäus 27,37; NL) an, ein kleiner gerader am unteren Ende das Fußbrett.

Im Lauf der Jahrhunderte haben nicht nur Künstler immer wieder das Leiden Christi am Kreuz dargestellt, sondern auch viele Kirchengebäude selbst sind in Kreuzform angelegt. Hier gibt es zwei unterschiedliche Grundtypen, einmal die Basilika, ein lang gestrecktes Gebäude, das von einem Querschiff – dem Querbalken des Kreuzes – durchschnitten wurde. Das bekannteste Beispiel ist der Petersdom in Rom. Der zweite, vor allem in den orthodoxen Ostkirchen beliebte Typ ist der Rundbau, dem in jeder Himmelsrichtung ein weiterer kleiner Kuppelbau angefügt wurde, sodass die Kirche im Grundriss an ein griechisches Kreuz mit vier gleichlangen Schenkeln erinnert.

Viele Symbole sind im Lauf der Kirchengeschichte aus dem Gemeindeleben verschwunden. Das Kreuz gehört nicht dazu, weil es auf den zentralen Inhalt des christlichen Glaubens verweist: den gekreuzigten und auferstandenen Jesus, den Herrn.

Licht und Finsternis

Keine Frage: Licht ist gut und Finsternis ist böse. Diese Symbolik ist seit alters her in praktisch allen Religionsgemeinschaften bekannt, und ihre Bedeutung leuchtet fast jedem so unmittelbar ein, dass man kaum mehr ein Wort dazu verlieren muss. Interessant jedoch ist die unterschiedliche Auffassung von Ursprung und Wesen dieser Symbolik. In manchen Religionen gelten Licht und Finsternis, Gut und Böse als gegensätzliches Paar, als miteinander verfeindete Mächte, die seit Anbeginn des Universums im Streit liegen – so wie es uns unser westlich geprägter gesunder Menschenverstand auch nahelegt. Zwei Religionsstifter, die diesen Standpunkt besonders entschieden und nachhaltig vertraten, waren Zoroaster und Mani, die beide aus Persien stammten. Mani spricht von Licht und Finsternis als zwei unabhängig voneinander existierenden Mächten. Religionen, bei denen die Wirklichkeit in zwei entgegengesetzte Regionen gespalten ist, die nicht auseinander hervorgegangen sind oder niemals zusammengehört haben, bezeichnet man als dualistisch. Nur nebenbei: Die dualistische Anschauung bezieht sich nicht unbedingt auf Gut und Böse; die altchinesische Lehre von Yin und Yang zum Beispiel setzt das männliche, gebende und das weibliche, empfangende Prinzip gegeneinander. In anderen Religionen herrscht die Anschauung vor, dass Gut und Böse untrennbar miteinander verbunden sind. Sie sind im Grunde zwei Seiten derselben Medaille, eins kann nicht ohne das andere existieren. Eine solche Anschauung, wie man sie im Buddhismus, Hinduismus oder Taoismus findet, nennt man monistisch.

Judentum und Christentum würde man auf den ersten Blick den dualistisch geprägten Religionen zuordnen, doch bei näherem Hinsehen trifft diese Einschätzung nicht recht zu. Denn Gott und Satan sind hier nicht gleichberechtigte Gegenspieler, die seit urdenklichen Zeiten im Kampf miteinander liegen. Juden und Christen bekennen Gott als Schöpfer und Herrn des Universums. Die Bibel, in der – je nach Übersetzung – zwischen zweihundert und zweihundertfünfzig Mal vom Licht die Rede ist und immerhin um die einhundertsiebzig Mal von der Finsternis, betrachtet den Kampf zwischen Licht und Finsternis als schon gewonnen. Christen sind, wie Martin Luther King schrieb, Optimisten, auch wenn der Augenschein noch dagegen spricht.

Es werde Licht!

Von den vielen Versen, in denen von Licht und Finsternis die Rede ist, seien nur einige herausgegriffen:

»Es werde Licht« (1. Mose 1,3; ELB) – das ist das erste Wort Gottes, das man in der Bibel findet, gleich auf der ersten Seite zu Beginn der Schöpfungsgeschichte. Wer aufmerksam liest, wundert sich darüber, dass das Licht noch vor der Sonne erschaffen wurde. Doch dem Verfasser der Schöpfungsgeschichte kommt es nicht auf eine naturwissenschaftliche Aussage an. Vielmehr enthält dieser Vers eine Spitze gegen die Religionen der Israel umgebenden Völker, die Sonne, Mond und Sterne als Götter verehrten: Die Gestirne sind doch nur eine Schöpfung Gottes, und wenn sie leuchten, dann wurde ihnen dieser Glanz von Gott verliehen. Interessanterweise finden wir eine ganz ähnliche Aussage auf der letzten Seite der Bibel, wo das neue himmlische Jerusalem in leuchtenden Farben gezeichnet wird: »Und Nacht wird nicht mehr sein, und sie bedürfen nicht des Lichtes einer Lampe und des Lichtes der Sonne, denn der Herr, Gott, wird über ihnen leuchten, und sie werden herrschen von Ewigkeit zu Ewigkeit« (Offenbarung 22,5; ELB).

Auch im Tempelgottesdienst kam dem Licht eine bedeutende Rolle zu. Schon auf der Wüstenwanderung nach dem Auszug aus Ägypten, als die Opferhandlungen noch nicht in dem aus Stein errichteten Tempel stattfanden, sondern in der transportablen Stiftshütte, stellten Kunsthandwerker einen siebenarmigen Leuchter aus getriebenem Gold her, der bis heute eines der bekanntesten Symbole des Judentums geblieben ist. Ein besonders großes Exemplar steht vor der

Knesset, dem israelischen Parlament, in Jerusalem, und die Menorah wurde auch ins Staatswappen aufgenommen. Auch beim Chanukkah- oder Lichterfest wird Abend für Abend nach dem Segensspruch eine weitere Kerze auf dem Chanukkahleuchter entzündet. Das Fest wird zum Gedenken an den erfolgreichen Hasmonäeraufstand gegen die heidnischen Griechen, die das Land besetzt gehalten hatten, und die anschließende Tempelreinigung gefeiert. Die Geschichte kann man im 1. Makkabäerbuch nachlesen, das den Spätschriften des Alten Testaments zugerechnet wird. Einer historisch nicht belegbaren Geschichte aus dem Talmud zufolge reichte das Öl nach der Tempelreinigung nur noch für einen Tag, doch der Leuchter brannte acht volle Tage lang, bis man neues Öl beschafft hatte. Noch einen dritten besonderen Leuchter gibt es im Judentum. Jede Woche entzündet die Frau des Hauses bei Sabbatanbruch den Sabbatleuchter und signalisiert damit den Anbruch des Tages, an dem keine Arbeit getan wird und Körper und Seele zur Ruhe kommen.

Auch in den Psalmen wird die gedankliche Verbindung zwischen Gott und Licht immer wieder hervorgehoben. In Psalm 119,105 etwa lesen wir: »Eine Leuchte für meinen Fuß ist dein Wort, ein Licht für meinen Pfad« (ELB). Hier ist also nicht in erster Linie an die lebensspendende Kraft des Lichts gedacht – ohne Licht könnte ja auf unserem Planeten nichts gedeihen –, sondern daran, dass wir uns erst im Licht orientieren können, ohne zu stürzen. Und so wird im Buch Jesaja das Volk Israel, dem die Bibel anvertraut war, von Gott als »Licht der Heiden« bezeichnet – ein besonderes Vorrecht zwar, doch auch ein unbequemes, das von den Juden weniger als Privileg, sondern als Verpflichtung betrachtet wurde.

Ein Licht scheint in die Finsternis

Der Evangelist Johannes hat wohl die ungewöhnlichste Weihnachtsgeschichte zu Papier gebracht. Die wohlbekannte Kulisse – Krippe, Stall, Hirten, Engel und Weise aus dem Morgenland – interessiert ihn nicht. Stattdessen fasst er diesen Knotenpunkt der Weltgeschichte, die Menschwerdung Gottes in Jesus Christus, in folgende Worte: »Das

Licht scheint in die Dunkelheit, und die Dunkelheit konnte es nicht auslöschen […] Der, der das wahre Licht ist, das alle Menschen erleuchtet, sollte erst noch in die Welt kommen« (Johannes 1,5.9; NL). Einige Kapitel später sagt Jesus im Johannesevangelium von sich selbst: »Ich bin das Licht der Welt« (Johannes 5,12; NL).

Und dieses Licht, das die Dunkelheit ein für alle Mal besiegt hat, scheint nach den Worten Jesu auch in seinen Jüngern: »Ihr seid das Licht der Welt« (Johannes 5,14; NL).

Nun ist das für Christen eine grundsätzliche und allgemeine Wahrheit, doch was allgemein und grundsätzlich stimmt, kann im Spezialfall durchaus anders aussehen. Daher muss Paulus seine Mitbrüder und -schwestern im Römerbrief eigens ermahnen: »Lasst uns nun die Werke der Finsternis ablegen und die Waffen des Lichts anziehen!« (Römer 13,12; ELB).

Noch viele weitere derartige Stellen finden sich im Neuen Testament. Da ist davon die Rede, dass wir Kinder des Lichts sind und im Licht wandeln sollen – was ja nicht nur bedeutet, dass wir uns selbst orientieren und den richtigen Weg finden können, sondern auch, dass uns jedermann bei allem, was wir tun, beobachten kann. Und so gesehen, ist es wahrhaftig ein frommer Wunsch, sich dem Licht Gottes auszusetzen.

Kirchenlicht

Wenn in der Bibel so oft von Gott als dem Licht gesprochen wird, verwundert es nicht, dass diese Symbolik auch in den Kirchen aufgegriffen wird. In jeder katholischen Kirche brennt ein »Ewiges Licht«. Es gibt Tauf- und Altarkerzen, Kerzen am Adventskranz und am Weihnachtsbaum. Mitternächtliche Ostergottesdienste werden oft so gefeiert, dass die Gemeinde singend in die stockdunkle Kirche einzieht. Dann wird der Evangelienbericht von der Auferstehung Jesu gelesen, und dabei entzündet man die Kerzen, bis die Kirche einem Lichtermeer gleicht. Auch in den Kirchenfenstern kommt diese Symbolik zum Tragen: Bei trübem Wetter wirken die biblischen Figuren und Heiligen blass, doch wenn sie das Sonnenlicht durchdringt, scheint dieses Licht durch sie hindurch und bringt sie zum Leuchten.

Löwe

Der Löwe, das weiß jedes Kind, ist der König der Tiere. Auch in Palästina, wo er in biblischer Zeit häufig vorkam, genoss er, zumindest als Symboltier, ein ähnliches Ansehen, denn er galt als Sinnbild für das ganze Volk Israel: »Er duckt sich, liegt da wie ein Löwe, wie ein Raubtier. Wer wagt es, ihn aufzujagen? Wer dich segnet, ist gesegnet, und wer dich verflucht, ist verflucht« (4. Mose 24,9; EÜ). Hier liegt die Vorstellung einer wilden Großkatze zugrunde, die allen anderen Tieren an Stärke und Gewandtheit überlegen ist. Die Könige des Orients liebten es wohl aus diesem Grund, auf die Löwenjagd zu gehen und lebende Tiere in Zwingern zu halten. Davon zeugt nicht nur das Buch Daniel mit der Geschichte von Daniel in der Löwengrube; auch assyrische Darstellungen zeigen solche Szenen.

Der Löwe war darüber hinaus auch das Wappentier dreier israelitischer Stämme: Juda (»Juda ist ein junger Löwe«, 1. Mose 49,9), Gad (»Wie eine Löwin lagert er und zerreißt den Arm und sogar den Scheitel«, 5. Mose 33,20) und Dan (»Dan ist ein junger Löwe«, 5. Mose 33,20; ELB).

Tatsächlich existierende Löwen jedoch stellten für die vielen Hirten eine Landplage dar, denn sie rissen Schafe, ohne dass sich die einfach bewaffneten Hirten dagegen zur Wehr setzen konnten. Auch diese Erfahrung findet ihren Niederschlag in der Bibel. So warnt Petrus in einem seiner Briefe: »Euer Widersacher, der Teufel, geht umher wie ein brüllender Löwe und sucht, wen er verschlingen kann« (1. Petrus 5,8; ELB).

Manche Gefahren jedoch sind nur eingebildet: »Der Faule sagt: Ein Löwe ist draußen; mitten auf den Plätzen könnte ich getötet werden« (Sprüche 22,13; ELB). Wo Löwen als Entschuldigung herhalten müssen, die Hände überhaupt in den Schoß zu legen, ist in der Tat irgendetwas faul.

In Offenbarung 5,5 wird Christus als der »Löwe aus dem Stamm Juda« (ELB) bezeichnet. Diese Gedankenverbindung findet man in den *Chroniken von Narnia* des irisch-englischen Schriftstellers C. S. Lewis wieder. Er schildert in diesen sieben Kinderbüchern, deren erster Teil bereits verfilmt wurde, eine fantastische Welt namens Narnia, in die vier Kinder durch einen Kleiderschrank im Haus eines alten Professors gelangen. Der Herrscher dieser Welt ist der Löwe Aslan. Bewusst gestaltet Lewis, der selbst Christ war, diesen Löwen mit christusähnlichen Zügen. Abgesehen von diesen Kinderbüchern, die seit ihrem Erscheinen in den 1950er-Jahren in viele Sprachen übersetzt wurden und Millionenauflagen erreichten, ist der Löwe als Sinnbild für Christus heute kaum noch lebendig, im Gegensatz etwa zum guten Hirten.

Pelikan

Wenn der Pastor in seiner Predigt am Sonntagmorgen unvermittelt von »Christus, unserem Pelikan« spräche, würden wir uns wahrscheinlich verstohlen zu unserem Nachbarn umdrehen und flüsternd nachfragen, ob wir uns da nicht gerade verhört haben. Vor anderthalbtausend Jahren dagegen war dieser Vergleich durchaus geläufig. Dass der Pelikan in den Rang eines Symboltiers aufstieg, liegt allerdings an einem Missverständnis: Die frühen Naturforscher hatten einfach nicht richtig beobachtet. Sie hatten den für den Pelikan typischen Hautsack am Schnabel bemerkt, aus dem der Vogel seine Jungen füttert, daraus jedoch etwas voreilig den falschen Schluss gezogen, der Pelikan ernähre seine Jungen mit seinem eigenen Blut. Es gab noch eine weitaus dramatischere Fassung dieser Legende: Wenn der Pelikan ins Nest zurückkehrte und seine Jungen von einer Schlange oder einem anderen Raubtier getötet vorfand, hackte er sich mit seinem Schnabel die Brust auf und belebte die Jungvögel mit seinem eigenen Blut wieder. Wie gesagt, falsch beobachtet – doch zu diesem Fehlurteil mag beigetragen haben, dass Rosapelikane während der Brutzeit einen roten Fleck auf der Brust zeigen, der durchaus an einen Blutfleck erinnert.

Verbreitet wurde diese Auffassung durch die zoologischen Fachbücher des Altertums, die sogenannten Bestiarien. Hervorzuheben ist hier der »Physiologus«, einem auf Griechisch verfassten Werk, das wahrscheinlich in der Zeit nach 385 n.Chr. entstand. Etwa 48 Tiere werden hier beschrieben und geistlich-symbolisch gedeutet, neben dem Pelikan auch Wiesel und Schlange, Löwe und sogar Fabeltiere wie Phönix oder Einhorn. Thomas von Aquin machte sich diese Auffassung zu eigen und schrieb an einer Stelle: »Gleich dem Pelikane starbst du, Jesu mein.« Auch Dante, der einige Jahrhunderte später lebte, griff diese Legende in seiner berühmten *Göttlichen Komödie* auf, einem Zyklus, der Hölle, Vorhölle und Paradies in kräftigen Farben schildert: »Er ruht am Busen unseres Pelikans; Ihn hat der Herr zur großen Pflicht erlesen, Als er den Martertod am Kreuz empfah'n« (Paradiso, 25. Gesang, 38. Terzine).

Auch in der Bibel findet sich der Pelikan, wobei sich allerdings nicht alle Übersetzungen einig sind. Die Vulgata, die klassische lateinische Bibelübersetzung, spricht in Psalm 102,7 von einem Pelikan: »Ich gleiche dem Pelikan in der Wüste, bin wie die Eule der Einöde«, wie es die unrevidierte Elberfelder Übersetzung formuliert. Neuere Übersetzungen sprechen hier jedoch von einer Dohle oder legen sich gar nicht fest, indem sie den Begriff einfach mit »Vogel« wiedergeben. Überhaupt zielt der Vergleich hier in eine gänzlich andere Richtung, wie auch in einer inhaltlich ähnlichen Bibelstelle, Zefanja 2,14 (ebenfalls unrevidierte Elberfelder Übersetzung): »Und in seiner Mitte werden Herden sich lagern, allerlei Tiere in Menge; auch Pelikane, auch Igel werden auf seinen Säulenknäufen übernachten.« Auch hier kommen die meisten modernen Bibelübersetzungen zu dem Schluss, dass an dieser Stelle eher eine Rohrdommel oder ein Wüstenkauz gemeint ist.

Während der Pelikan bis ins Mittelalter ein beliebtes Symbol für Christus war und beispielsweise viele Abendmahlskelche schmückte, spielt er heute als Symbolfigur keine Rolle mehr – nicht zuletzt deswegen, weil die zugrunde liegende Legende wissenschaftlich nicht zu halten ist.

Phönix

»Wie ein Phönix aus der Asche« – dieser Ausdruck ist im Deutschen geläufig, und selbst wenn man nichts weiter vom Phönix kennt als eben dieses geflügelte Wort, würde man dahinter einen uralten nicht christlichen Mythos vermuten. Das stimmt. Verschiedene Schriftsteller der Antike erzählen davon, und wenn sich ihre Darstellungen auch nicht in allen Einzelheiten decken, ergeben sich doch folgende Grundzüge: Der Phönix ist ein Wundervogel mit rot-goldenem Gefieder, in Asien beheimatet, der keine natürliche Nahrung zu sich nimmt und auch nicht auf natürliche Art gezeugt wurde. Er besitzt nach weithin übereinstimmender Auffassung eine Lebensdauer von 500 Jahren. Nur der antike Schriftsteller Hesiod spricht von 97 200 Jahren, doch steht er mit dieser Meinung recht allein da. Nach Ablauf dieser Zeitspanne verbrennt der Phönix in seinem Nest, in der Asche bleibt ein Ei zurück, aus dem nach kurzer Zeit ein neuer Phönix ersteht.

Darüber hinaus schrieb man dem Phönix wundersame Kräfte zu: Seine Tränen, so glaubte man, seien in der Lage, Wunden und Krankheiten zu heilen. Bildliche Darstellungen dieses Fabelwesens klaffen naturgemäß auseinander, da der Phönix dem Reich der Fantasie entstammt. Oft wurde er jedoch als Stelzvogel oder auch als pfauen- oder fasanenartiges Geschöpf abgebildet.

Der Phönix im christlichen Denken

Der Phönix hatte also ursprünglich mit dem Christentum nichts zu tun: In der Bibel wird diese mythologische Figur nicht ein einziges Mal erwähnt. Dass er dennoch Eingang in das christliche Denken fand, lässt sich darauf zurückführen, dass die Symbolik des Wiederauferstehens aus der Asche leicht mit der Auferstehung Christi in Verbindung zu bringen war. So erwähnt ihn der »Physiologus«, eine in frühchristlicher Zeit verfasste Sammlung von Beschreibungen verschiedener Tiere, Pflanzen und Steine. Seine Fassung dieser Geschichte lautet wie folgt: Alle fünfhundert Jahre fliegt der Phönix ins ägyptische Heliopolis und verbrennt sich dort selbst auf dem Altar des Sonnentempels. In der Asche bildet sich ein Wurm, aus dem am dritten Tag ein neuer Phönix entsteht.

Bedeutende christliche Gelehrte des Altertums wie Clemens, Tertullian oder Augustinus deuteten ihn so als Christussymbol. Dabei beriefen sie sich auf zwei Bibelstellen, wobei sich dieser Zugang jedoch nur bei großzügiger Interpretationspraxis erschließt. Die eine Bibelstelle findet man in Johannes 10,18: »Niemand nimmt es von mir, sondern ich lasse es von mir selbst. Ich habe Vollmacht, es zu lassen, und habe Vollmacht, es wiederzunehmen« (ELB). Hier drängt sich der Eindruck auf, die alten Kirchenlehrer hätten in diesen Vers mehr hineingelesen, als angemessen. Der andere Vers, der von ihnen herangezogen wurde, steht in Psalm 92,13: »Der Gerechte wird sprossen wie die Palme« (ELB). Die gedankliche Verbindung wird erst verständlich, wenn man in die Septuaginta, die griechische Übersetzung des Alten Testaments, hineinschaut. Die Dattelpalme heißt nämlich auf Griechisch *phoinix* und trägt damit die gleiche Bezeichnung wie der Wundervogel.

Bis weit in die Neuzeit hinein war die Symbolik des Phönix in der christlichen Welt geläufig. So wurde noch 1730 zum 200. Jahrestag des Augsburger Bekenntnisses eine Münze mit einer Darstellung des Phönix geprägt, wobei der Vogel hier nicht den Auferstehungsgedanken repräsentiert, sondern für die Erneuerung des wahren Glaubens steht.

Heute kommt dem Phönix in der christlichen Kunst und Symbolik keine besondere Rolle mehr zu.

Regenbogen

Man kann einen Regenbogen in einem Ölgemälde festhalten. Oder wissenschaftlich untersuchen. Man kann ihm mythologische Bedeutung zuschreiben oder darin ein Symbol für das Handeln Gottes sehen. Oder ihn einfach bestaunen, denn darin liegt der Kern dieser unterschiedlichen Arten, sich mit einem faszinierenden Naturphänomen auseinanderzusetzen, verborgen.

Zunächst zu den nüchternen Fakten: Ein Regenbogen entsteht im Auge des Betrachters, und zwar dann, wenn er die Sonne im Rücken (und die, um genau zu sein, nicht höher als 42 Grad über dem Horizont stehen darf) und eine Regenwand vor sich hat. Dann bricht sich das weiße Sonnenlicht in jedem einzelnen Tröpfchen wie in einem Prisma. Von außen nach innen sieht man Rot, Orange, Gelb, Grün, Blau, Indigo und Violett. Dass wir genau diese sieben Farben wahrzunehmen meinen, liegt übrigens eher an unseren Sehgewohnheiten, als an physikalischen Tatsachen. In Wirklichkeit verläuft das Farbspektrum kontinuierlich, und im Grunde sehen wir so viele verschiedene Farben, wie der Regenbogen Wassertröpfchen enthält.

Dass wir einen Bogen und nicht etwa einen ausgefüllten Halbkreis sehen, hängt damit zusammen, dass die Lichtstrahlen in jedem einzelnen Tröpfchen in einem Winkel von etwa 41 Grad reflektiert werden, wobei die roten Strahlen etwas stärker gebeugt werden, um die 42 Grad, und die blauen etwas weniger, nämlich etwa 40 Grad. Und genau zwischen diesen beiden kreisförmigen Ausschnitten unseres Sehfelds, der eine etwas größer, der andere etwas kleiner, erscheint der Regenbogen. Egal wie weit wir auf den Regenbogen zulaufen, er ist immer etwa zwei Grad unseres Sehfelds breit und wird nicht größer. Zum Ende des Regenbogens wird man also nie kommen.

Wenn man im Flugzeug sitzt und bei Start oder Landung die Sonne im Rücken und den Regen vor sich hat, kann man mit etwas Glück übrigens nicht nur einen Bogenausschnitt, sondern einen geschlossenen Kreis sehen, nämlich auch den Teil des Bogens, der bei Beobachtung von der Erde aus unter dem Horizont verschwindet.

So viel zur naturwissenschaftlichen Erklärung, die wir unter anderem so bedeutenden Gelehrten wie René Descartes und Isaac Newton verdanken.

Schon sehr viel früher allerdings betrachtete man den Regenbogen als göttliches Zeichen. Unzählige Mythologien gibt es, in denen der Regenbogen eine Rolle spielt, wobei er jedoch in unterschiedlichen Kulturen unterschiedliche Deutungen erfuhr. Oft galt er als Brücke zwischen Menschen- und Götterwelt, so zum Beispiel in der altnordischen Mythologie, wo er Midgard, die Wohnstätte der Menschen, und den Göttersitz Asgard miteinander verband. Auch die griechische Mythologie erzählt davon, wie die Götterbotin Iris (deren Name im Griechischen nichts anders als »Regenbogen« bedeutet), auf dem Regenbogen zwischen Himmel und Erde verkehrt und zwischen Göttern und Menschen vermittelt. Bei anderen Völkern sah man den Regenbogen als Waffe der Götter. Bei den altaischen Völkern glaubte man, dass der Donner mit dem Regenbogen Pfeile auf böse Geister schieße. Für die sudanesischen Baja spielt der Aufsetzpunkt eines Regenbogens eine besondere Rolle. Sie glauben, dass dort eine Eidechse sitzt, die einen Unglücksfaden zu einer weiteren Eidechse am anderen Ende des Regenbogens spinnt. Sie muss man fangen und töten, um den Bogen zu zerstören. Da sich der Regenbogen mit dem Betrachter bewegt und so immer in unerreichbarer Ferne ist, ein unmögliches Unterfangen.

In Babylon, das für die Israeliten insofern Bedeutung erlangte, als sie etliche Jahre dort im Exil verbrachten und so mit der dortigen Kultur in Berührung kamen, erzählt ein Mythos, wie der Schöpfergott Marduk die Göttin der Urflut mit Pfeil und Bogen tötet, um die Schöpfung am Leben zu erhalten. Diesen Bogen hängte er als ein für alle sichtbares Zeichen in die Wolken.

In der Bibel gilt der Regenbogen als Bundeszeichen zwischen Mensch und Gott. Nachdem Noah mit sieben Familienangehörigen und den in der Arche geretteten Tieren die große Flut überlebt hatte (1. Mose 6-9), setzte Gott den Bogen in die Wolken. Damit war die Verheißung verbunden: »Und es wird geschehen, wenn ich Wolken über die Erde aufwölke, und der Bogen in den Wolken erscheint, dann werde ich an meinen Bund denken, der zwischen mir und euch und jedem lebenden Wesen unter allem Fleisch besteht; und nie mehr soll das Wasser zu einer Flut werden, alles Fleisch zu vernichten« (1. Mose 9,14f; ELB). Einige Verse vorher lässt sich nachlesen, was das konkret bedeutet: »Von nun an, alle Tage der Erde, sollen nicht aufhören Saat und Ernte, Frost und Hitze, Sommer und Winter, Tag und Nacht« (1. Mose 8,22; ELB). Kaum ein treffenderes Symbol als der Regenbogen lässt sich dafür finden, denn er entsteht ja genau dann, wenn Sonnenlicht und Regenwasser zusammentreffen – die beiden wichtigsten Voraussetzungen, um auf diesem Planeten leben zu können. Daher gibt es im Judentum den Brauch, beim Anblick eines Regenbogens zu sagen: »Gepriesen seist du, Ewiger, unser Gott; du regierst die Welt. Du erinnerst dich an den Bund und bleibst ihm treu. Du stehst zu deinem Wort.« (Das ist im Übrigen nur ein Segensspruch unter unzähligen, wie man sie beispielsweise vor dem Genuss von Brot, Wurzelfrüchten oder Wein oder auch beim Anblick eines gekröntes Hauptes spricht.) Der jüdische Gelehrte Nachmanides, der von 1194 bis 1270 lebte, sah im Regenbogen die in friedfertiger Absicht gesenkte, also nicht zum Schuss erhobene Waffe. Der österreichische Maler Josef Anton Koch hielt die Szene, in der Noah nach seiner Errettung Gott ein Opfer bringt, in seinem Werk »Landschaft mit dem Dankopfer Noahs« fest – mit Altar, allen Familienangehörigen, den geretteten Tieren, der auf dem Ararat gestrandeten Arche und eben dem Regenbogen. Dem durch den ersten Absatz dieses Artikels naturwissenschaftlich geschulten Auge sollte allerdings beim Studium dieses Gemäldes auffallen, dass dem Schattenwurf nach zu urteilen der Regenbogen unmöglich an der Stelle stehen kann, die Koch ihm zugedacht hat, und das, obwohl er den Regenbogen gern und oft darstellte.

In einem anderen Zusammenhang ist in Hesekiel 1,28 vom Regenbogen die Rede: »Wie das Aussehen des Bogens, der am Regentag in der Wolke ist, so war das Aussehen des Glanzes ringsum. Das war das Aussehen des Abbildes der Herrlichkeit des HERRN« (ELB).

Ganz vorsichtig tastet sich Hesekiel an die Beschreibung seiner Vision heran – Gott selbst ist unbeschreiblich groß, doch der Abglanz, also das, was ein Mensch von seiner Herrlichkeit sehen kann, erinnert ihn am ehesten an einen Regenbogen. In ähnlichem Zusammenhang wird in der Offenbarung noch zwei Mal der Regenbogen erwähnt, nämlich in 4,3 und 10,1. Die erstgenannte Stelle schildert Gott auf seinem himmlischen Thron sitzend und von einem smaragdfarbenen (Regen-)Bogen umgeben, die zweite spricht von einem Engel, bekleidet von einer Wolke und mit einem Regenbogen auf dem Kopf.

Heute spielt der Regenbogen als Symbol im Leben der christlichen Kirchen kaum eine Rolle mehr. Der Vieldeutigkeit dieses Symbols ist es zu verdanken, dass es sich unterschiedlichste Gruppen im wahrsten Sinne des Wortes auf die Fahnen schrieben: so etwa die Homosexuellen und die italienische Friedensbewegung wie auch die Umweltbewegung Greenpeace; Letztere unter Berufung auf eine indianische Prophezeiung. Für Juden und Christen ist und bleibt der Regenbogen jedoch das sichtbare Zeichen der Zusage Gottes, dass er die Schöpfung in seiner Hand hält.

Salz

Wenn man sich nicht ausschließlich von Pudding und Eiscreme ernährt, ist die Vorstellung, völlig auf Salz zu verzichten, alles andere als attraktiv. Das Aroma von Braten oder Gemüse kommt ohne Salz einfach nicht zur Geltung. Heutzutage geben für eine salzarme oder -freie Ernährung ausschließlich gesundheitliche Gründe den Ausschlag, denn Salz kann man für wenige Cent überall kaufen, selbst im kleinsten Dorfladen.

Was Salzuflen und Schwäbisch Hall verbindet

Doch nicht immer war Salz eine billige Ware. Zwar wurde es vor einigen Jahrhunderten nicht gerade wie Pfeffer mit Gold aufgewogen, doch war es ein wertvolles Handelsgut, dem manche Stadt ihre wirtschaftliche Blüte verdankte. Das allererste Bergwerk der Welt etwa in Hallstatt, einer keltischen Siedlung in den Alpen, war ein Salzbergwerk. Es nahm in der frühen Eisenzeit den Betrieb auf. Auch in Lüneburg wurde das Salz in unterirdischen Salzstöcken gewonnen, und zwar bis in die jüngste Gegenwart. Erst 1980 wurde die Saline geschlossen, weil sich der Erdboden bedenklich senkte und Gebäude gefährdete. Von den Salinen aus führten die sogenannten Salzstraßen in die umliegenden Gebiete, und noch heute weisen Ortsnamen mit »Salz« wie Salzwedel oder mit »Hall«, dem althochdeutschen und keltischen Begriff für Salz, wie etwa Halle, Bad Reichenhall oder Schwäbisch Hall darauf hin, dass der betreffende Ort an einer solchen Straße lag oder selbst Salz produzierte. Auch in anderen Wörtern, von denen man es nicht im Entferntesten vermutet, versteckt sich das Salz. Zum Beispiel im Salat, der sich vom italienischen »insalata« herleitet – wörtlich dem »Gesalzenen«. Oder auch im Soldat, der seinen Sold oder sein Salär bezog. Dieser Begriff bedeutet nichts anderes als Salz, denn ursprünglich wurde den römischen Soldaten ihr Sold in Naturalien ausbezahlt – und zwar in Form einer Salzration. Damals, wie gesagt, war Salz allerdings noch ein wertvolles Gut.

Pökelfleisch und Sauerkraut

Der hohe Salzpreis verdankte sich allerdings nicht nur der aufwendigen Herstellung, sondern auch dem Gesetz von Angebot und Nachfrage. Denn der Bedarf war gewaltig. Man brauchte Salz nicht nur zum Würzen, sondern auch zum Konservieren. Der Transport von Lebensmitteln, sei es nun auf einer Seereise, um Besatzung und Passagiere zu verpflegen, oder auf dem Handelsweg, um andernorts Geschäfte zu machen, war nur möglich, wenn man sie auf irgendeine Weise haltbar machen konnte. Und manches Gemüse hielt sich den Winter über nur, wenn es eingesalzen wurde. So kamen Pökelfleisch und Sauerkraut auf unseren Speisezettel. Heute essen wir diese Dinge um ihres Geschmacks willen (oder lassen sie aus genau dem gleichen Grund lieber auf dem Teller liegen), doch ursprünglich war dies neben dem Dörren und Räuchern eine der wenigen Möglichkeiten, Speisen haltbar zu machen. Das schlichte Speisesalz, Natriumchlorid, entzieht dem Nahrungsmittel Wasser und hemmt so das Bakterienwachstum. Schon in der Antike setzte man ihm Salpeter zu, ein Nitritpökelsalz, das bestimmte Bakterien abtötete und dem Fleisch eine appetitlich rote Farbe verlieh – in allzu großen Mengen genossen ist es allerdings gesundheitsgefährdend.

Vom Salzbund bis zur gesalzenen Rede

Kein Wunder, dass man einem Stoff mit solch bemerkenswerten Eigenschaften schon in der Bibel symbolische Bedeutung zuschrieb, und zwar ganz unterschiedlicher Art.

Zunächst einmal wurden mit Salz Verträge besiegelt. Hierbei spielte sicherlich der Gedanke an die reinigende, konservierende Kraft des Salzes eine Rolle – ein Vertrag, der mit Salz bekräftigt wurde, sollte auf unbestimmte Zeit gelten. Man kann sich jedoch auch gut vorstellen, dass das Salz nicht nur im buchstäblichen Sinn ein Geschmacksverstärker war, sondern auch im übertragenen Sinn ein »Vertragsverstärker«. Der Bund, den Gott mit seinem Volk Israel geschlossen hatte, wurde mit Salz besiegelt. In 3. Mose 2,13 kann man das nachlesen: »Würzt alle eure Speiseopfer mit Salz! Vergesst es nie, euren Speiseopfern Salz hinzuzufügen: das Zeichen für die Beständigkeit des Bundes eures Gottes. Salzt alle eure Opfergaben« (NL). In 4. Mose 18,19 wird dieser Bund sogar als »ewiger Salzbund« bezeichnet (ELB).

Diese reinigende Kraft des Salzes kommt auch in einer Geschichte im zweiten Buch der Könige zum Ausdruck. Die Männer von Jericho hatten ein Problem: Ihre Stadt war schön gelegen, doch das Wasser war so schlecht, dass sein Genuss zu Fehlgeburten führte. Als sie Elisa ihr Anliegen vorbrachten, forderte er sie auf, ihm eine Schale mit Salz zu bringen. Dann schüttete er das Salz in die Quelle und sagte: »So spricht der Herr: Ich habe dieses Wasser gesund gemacht. Es wird nicht länger Tod und Fehlgeburten bringen. Seither ist das Wasser gesund – wie Elisa gesagt hatte« (2. Könige 2,21; NL).

Ganz nebenbei erfährt man im Buch des Propheten Hesekiel das normale Prozedere nach einer Geburt: Das Neugeborene wurde gewaschen und mit Salz abgerieben (Hesekiel 16,4). Das war nicht nur hygienisch, sondern regte auch gleich den Kreislauf an. Gleichzeitig klang hier der Gedanke an, dass das Kind – wie ein gesalzenes Opfer – Gott gehörte.

Gewiss: Salz verleiht den Speisen erst Geschmack. »Wird Fades ohne Salz gegessen? Oder ist Geschmack in dem Schleim um den Dotter?«, wusste schon Hiob (Kapitel 6,6; ELB). Und es macht Lebensmittel haltbar, sodass man sie genießen kann, ohne an einer Vergiftung zu sterben. Doch allzu viel ist nicht nur ungesund, sondern in manchen Fällen sogar tödlich. Etwa im Toten Meer oder auch Salzmeer, das einen so hohen Salzgehalt aufweist, dass es darin keinerlei Leben gibt. Von Lots Frau wird berichtet, dass sie sich bei ihrer Flucht aus Sodom umwandte, um einen letzten Blick auf ihre Heimatstadt zu werfen, und dabei zur Salzsäule erstarrte. Eine Felsformation in der Region, die an eine menschliche Gestalt erinnert, wird noch heute »Lots Frau« genannt. Das Buch der Richter schließlich berichtet, wie König Abimelech von Israel die Stadt Sichem einnahm, deren Bewohner gegen ihn rebelliert hatten. Er tötete alle Menschen, die dort lebten, machte die Stadt dem Erdboden gleich und bestreute den Boden mit Salz. Damit war gemeint: Hier soll niemals mehr etwas wachsen. Auch beim Seder, dem gemeinsamen Mahl zum Auftakt des Passahfestes, das an den Auszug aus Ägypten erinnert, gehört ein Schälchen Salzwasser auf den Tisch. Man taucht darin bittere Kräuter ein, die an die Sklaverei erinnern, und das Salzwasser selbst steht für die Tränen, die das Volk Israel in der ägyptischen Gefangenschaft vergoss.

Im Neuen Testament wird Salz ebenfalls verschiedentlich erwähnt, im Gegensatz zum Alten Testament jedoch ausschließlich in Vergleichen und Metaphern. Am bekanntesten ist wohl ein kleiner Abschnitt der Bergpredigt in Matthäus 5,13: »Ihr seid das Salz der Erde. Doch wozu ist Salz noch gut, wenn es seinen Geschmack verloren hat? Kann man es etwa wieder brauchbar machen? Es wird weggeworfen und zertreten, wie etwas, das nichts wert ist« (NL). Hier wird die Würzkraft des Salzes angesprochen – erst Christen machen das Leben auf dieser Erde wirklich genießbar. Zumindest sollte es so sein. Ein kleiner Trost: Salz kann seinen Geschmack gar nicht verlieren, denn im Gegensatz zu Kräutern und Gewürzen verdankt es seine Kraft nicht ätherischen Ölen, deren Duft sich mit der Zeit verflüchtigt, sondern einer stabilen chemischen Verbindung. Noch an einer anderen Stelle wird Salz erwähnt, und zwar in Kolosser 4,6: »Eure Rede soll freundlich sein und mit Salz gewürzt« (LUT). Hier handelt es sich um einen Ratschlag zum Umgang mit Nichtchristen, und es ist in der Tat lohnend, diese Worte zu beherzigen, weder allen Menschen nach dem Mund reden noch dauernd auf Konfrontationskurs zu gehen.

Der Bischof mit dem Salzfass

Auch im Lauf der Kirchengeschichte verlor das Salz nicht an symbolischer Bedeutung. Die Kombination von Brot und Salz war und ist dabei besonders beliebt. Oft werden so Nachbarn und Freunde zum Einzug begrüßt, in Russland heißt man Gäste mit diesen Gaben willkommen. Sie symbolisieren Gesundheit und Wohlergehen, und man schrieb ihnen eine Unheil abwehrende Wirkung zu. Eigentlich liegt diesem Brauch also ein Aberglaube zugrunde, der sich jedoch zuweilen mit christlichen Vorstellungen vermischte. Das wird daran deutlich, dass man mancherorts Täuflingen Brot und Salz mit auf den Weg gab. Auch war es in bestimmten Regionen üblich, Verstorbenen Salz in den Sarg zu legen.

Vor dem zweiten Vatikanischen Konzil gehörte es zum Taufritual dazu, dem Täufling eine Prise Salz in den Mund zu stecken, das sogenannte Salz der Weisheit.

Es gibt sogar einen Schutzheiligen der Salzleute – so wurden die Arbeiter genannt, die das Salz aus den unterirdischen Salinen förderten. Rupert (oder auch Hrodpert) kam auf Einladung des mit ihm verschwägerten Herzog Theodo um das Jahr 700 nach Salzburg. In der Region gründete er einige Klöster und wurde von Theodo und seinem Sohn Theodebert finanziell unterstützt. Unter anderem erhielt er einen Anteil an den Bad Reichenhallern Solequellen, was damals, wie bereits erwähnt, eine durchaus lukrative Einnahmequelle darstellte. Alte Darstellungen zeigen Rupert mit Bischofsstab und Salzfass.

Schaf

Kein Tier wird in der Bibel häufiger erwähnt als das Schaf. Es hält für Gleichnisse und Beispielgeschichten her, wird geopfert, bei Festmählern verspeist, verloren und gefunden. Kein Wunder, denn das Schaf spielte in der Agrargesellschaft des alten Israel eine fundamentale Rolle und war allgegenwärtig. Schon auf den ersten Seiten der Bibel wird ein Schaf geopfert – von Abel, dem ersten Hirten der Menschheitsgeschichte. Unglücklicherweise führte dieses Opfer im weiteren Verlauf zum ersten Bruderstreit und -mord.

Das Gemeindeschaf

König David, der im Erstberuf Hirte gelernt hatte, fasste seine Erfahrung mit Gott im berühmten Psalm 23 zusammen: »Der Herr ist mein Hirte« (ELB). Er selbst begriff sich sozusagen als ein Schaf in der großen Herde seines Gottes. Dieses Bild wurde von Jesus etwa eintausend Jahre später wieder aufgegriffen. Oft verglich er in Gleichnissen und Bildworten die Menschen, die ihr Vertrauen auf Gott und seinen Sohn Jesus Christus setzen, mit Schafen, etwa im Gleichnis von dem verlorenen Schaf (in Matthäus 18 und Lukas 16 nachzulesen). Dort geht der Hirte einem einzigen verloren gegangenen Schaf nach, bis er es endlich findet, in Sicherheit bringt und mit seinen Nachbarn ein Fest feiert. (Wobei in diesem Gleichnis nicht erwähnt wird, ob der Hirte anlässlich dieses besonderen Ereignisses einen schönen Lammbraten auftischte.) Im Johannesevangelium, Kapitel 10 spricht Jesus von seinen Nachfolgern als seinen Schafen – sie hören seine Stimme und folgen ihm. Dieses Bild ist tatsächlich aus dem Leben gegriffen, denn Schafe reagieren wirklich nur auf ihnen vertraute Stimmen. Bei

Fremden, ob sie nun Böses im Sinn haben oder nicht, schrecken sie zurück. Dieses Vertrauen in den Hirten ist mit einer gewissen Dummheit gepaart – Schafe gehören durchaus nicht zu den intelligentesten Säugetieren und kämen ohne Hirten kaum in der freien Natur zurecht. Alles in allem ist der Vergleich zwischen Schafen und Gemeinde manchmal gar nicht so unpassend.

In der großen Endzeitrede Jesu, die man in Matthäus 25 nachlesen kann, werden die Schafe von den Böcken geschieden. Mit den Böcken sind hier übrigens Ziegen gemeint. Jeder Hirte, der damals diese Worte hörte, wusste gleich, was damit gemeint war, denn er tat Abend für Abend dasselbe: Nachdem Schafe und Ziegen tagsüber auf der gleichen Weide gegrast hatten, wurden sie bei Einbruch der Nacht in getrennten Ställen untergebracht. Natürlich ist hier nichts über die geistliche Qualität von Schafen beziehungsweise Ziegen gesagt – es ist eben nur ein Bild für zwei Arten von Menschen: Diejenigen, die die Gebote hören und beherzigen, die in den Fremden, Kranken, Hungrigen und Gefangenen Jesus sehen und barmherzig handeln, und diejenigen, die das nicht tun.

Die Wanne auf dem heißen Flachdach

Der oben erwähnte König David, der sich bei Gott so geborgen wusste wie ein Schaf beim Hirten, wurde allerdings auch zum passiven Helden einer für ihn äußerst unangenehmen Schafsgeschichte (nachzulesen in 2. Samuel 11 und 12). Beim Verdauungsspaziergang auf dem Flachdach seines Palastes hatte er auf dem Nachbardach eine Frau beim Baden beobachtet, die ihm gleich in die Augen stach. Sich nach ihrem Namen zu erkundigen und sie in seinen Palast einzuladen, war nicht weiter schwer – schließlich war er ja König. Bei der Einladung blieb es nicht: David schwängerte die schöne Batseba. Eigentlich hatte er nur eine kleine Affäre im Sinn gehabt, denn Ehefrauen hatte er selbst mehr als reichlich. Aber die Schwangerschaft musste vertuscht werden, denn Batseba war verheiratet – im Gegensatz zu David mit nur einem einzigen Mann, und der war auch noch Offizier in seinem Heer. David startete einen ersten Versuch: Er ließ Batsebas Mann Uria von der Front in den Heimaturlaub holen und gab ihm so reichlich Gelegenheit, Zeit mit seiner Frau zu verbringen, um ihm so das gerade gezeugte Kind unterzuschieben. Doch Uria weigerte sich: Wenn es seinen Soldaten verwehrt war, einige freie Tage mit ihren Frauen zu verbringen, gönnte er sich das aus Solidarität ebenfalls nicht. Damit sprach er sich sein eigenes Todesurteil: David schickte ihn auf ein Himmelsfahrtskommando und erhielt wenig später die Nachricht, Uria sei den Heldentod für König und Vaterland gestorben. Davids Schachzug wäre geglückt, hätte nicht kurz darauf der Prophet Nathan auf der Schwelle seines Palastes gestanden, um ihm eine unerhörte Geschichte zu erzählen: »Ein armer Mann besaß ein einziges Schaf, das er hegte und pflegte und umsorgte. Bei den Mahlzeiten lag es mit am Tisch, und es schlief sogar neben seinem Nachtlager. Nun hatte dieser arme Mann einen reichen Nachbarn, der eine große Schafherde besaß. Doch als der für einen durchreisenden Freund ein Festessen veranstalten wollte, waren ihm die eigenen Schafe zu schade. Er kidnappte das Schaf seines armen Nachbarn und ließ daraus ein Ragout zubereiten, das er seinem Gast vorsetzte.« David, ganz vom Gerechtigkeitssinn beseelt, ereiferte sich sofort: »Wo ist dieser Mann? Sofort herholen! Er soll sterben, aber vorher noch den vierfachen Wert erstatten. So geht das nicht! In meinem Land muss schließlich Gerechtigkeit herrschen.« Doch dann fiel es ihm wie Schuppen von den Augen: »Dieser Mann bin ja ich!« Hätte er doch etwas früher schon diesen Scharfblick besessen …

Opferlämmer und Opferlamm

Es liegt in der Natur von Symbolen, dass ihre Bedeutung nicht eindeutig festgelegt ist. Man kann jedem Symbol unterschiedliche Bedeutungen beilegen, und gerade beim Schaf, dem in biblischer Zeit eine so wichtige Rolle im täglichen Leben zukam, ist es nicht verwunderlich, dass dies auch geschah, zumal jedes Gleichnis und jedes Symbol irgendwann an seine Grenzen stößt. Nehmen wir etwa den oben erwähnten Gedanken, dass eine Schafherde für alle Menschen, die an Gott glauben, steht. Im wirklichen Leben mag der Hirte noch so gut für seine Schafe sorgen, sie zum frischen Wasser führen und den Raubtieren, die die ihm anvertrauten Tiere reißen wollen, mit seinem Stock eins über den Schädel geben – am Ende verkauft er sie doch an den Fleischer oder besorgt das Schlachten sogar selbst. An diesem Punkt also bricht die Analogie zusammen. Genau an dieser Stelle aber setzt ein anderes Bild ein, das direkt ins Zentrum der biblischen Botschaft vorstößt.

Seit alters her galt das Schaf den Israeliten als Opfertier. Das hängt unter anderem damit zusammen, dass es – als Wiederkäuer mit gespaltenen Hufen – als rein galt und damit verzehrt werden durfte. Gott etwas Unreines zu opfern kam natürlich überhaupt nicht in Frage. Während das Volk Israel nach dem Auszug aus Ägypten durch die Wüste zog, empfing es genaue Anweisungen, wie, wann und was man zu welchem Anlass zu opfern hatte. Eine wichtige Rolle spielte dabei die grundsätzliche Beobachtung, dass Menschen Schuld auf sich laden. Denn wenn die Menschen Gott gehörten, bedeutete jede Verfehlung, nicht nur einem Menschen Unrecht getan zu haben, sondern auch Gott, der die Gebote gegeben hatte. Schuld, so die Überzeugung, kann man nicht auf sich sitzen lassen. Mit den geopferten Schafen und dem gegen den Altar gesprengten Blut wurde signalisiert, dass Gott die Menschen mit sich versöhnte. Noch ein anderes Ritual kannte man während der Wüstenwanderung und auch noch später, als es einen Tempel in Jerusalem gab. Einmal im Jahr, zu Jom Kippur, dem großen Versöhnungstag, legte der oberste Priester einem Ziegenbock (der mit dem Schaf zoologisch so nah verwandt ist, dass er in diesem Kapitel nicht völlig fehl am Platz ist) die Hände auf und übertrug damit symbolisch die Sünden des Volkes auf das Tier, eben den »Sündenbock«. Dann wurde der Bock in die Wüste gejagt und trug so – wiederum symbolisch – die Sünden der Menschen hinaus aus der Stadt.

Jesaja spricht in seinem Lied vom Gottesknecht, zu finden in Kapitel 53, beide Arten von Schafen, die verirrten und verwirrten Gemeindeschäfchen und das geopferte Lamm an: »Wir alle irrten umher wie Schafe, wir wandten uns jeder auf seinen eigenen Weg; aber der HERR ließ ihn treffen unser aller Schuld. Er wurde misshandelt, aber er beugte sich und tat seinen Mund nicht auf wie das Lamm, das zur Schlachtung geführt wird und wie ein Schaf, das stumm ist vor seinen Scherern; und er tat seinen Mund nicht auf« (ELB). Christen sehen in diesen Worten einen Hinweis auf Jesus Christus, der sich für die Schuld der Menschen ans Kreuz schlagen ließ. Er ist das Wirklichkeit gewordene Symbol, so mächtig, dass damit die symbolischen Opfer im Tempel nur ein schattenhafter Abglanz sind. Kein weiteres Opfer ist mehr notwendig. Der Verfasser des Hebräerbriefs drückt es so aus: »Er ging auch nicht in den Himmel, um sich immer wieder selbst zu opfern, wie die irdischen Priester, die Jahr für Jahr das Heiligtum betreten, um das Blut von Tieren zu opfern. Wenn das nötig gewesen wäre, hätte er seit Erschaffung der Welt immer wieder sterben müssen. Er kam ein für alle Mal am Ende der Zeiten, um die Macht der Sünde durch seinen Opfertod zu brechen« (Hebräer 9,25-26; NL).

Doch mit diesem Opfertod war nicht alles zu Ende. Die Evangelien bezeugen, dass dieses Lamm Gottes, wehrlos und stumm, den Tod besiegte, und vor allem in der Offenbarung spricht Johannes von dem triumphierenden Lamm Gottes, das das Böse ein für alle Mal besiegt.

Heutigen Menschen – und da sind Christen ausdrücklich eingeschlossen – ist dieser Opferkult fremd. Darum wirkt auch die Erklärung, dass Gott sich selbst in Gestalt seines Sohns Jesus an Kreuz schlagen ließ, fremd, grausam und unpassend. Aber diese Erklärung ist nur ein Denkmodell, nicht die Sache selbst. Jesus starb und besiegte mit der Auferstehung den Tod – das glauben Christen. Doch das bedeutet auch, aus einem anderen Blickwinkel gesehen, dass Gott sich völlig mit uns identifiziert, jede bittere und schmerzhafte Erfahrung, die wir machen, auch gemacht hat. Ihm ist nichts Menschliches fremd, weil er uns so nah gekommen ist.

Schlange

Schlangen haben keine gute Presse, und wer Schlangen, Spinnen und ähnliches Getier zu Hause im Terrarium hält, gerät leicht in den Ruf, ein Sonderling zu sein. Kein Wunder: Viele Schlangen sind giftig, andere erwürgen und verschlingen ihre Beute, sie haben kein weiches Fell und machen sich nicht gut als Haustiere. Alles Eigenschaften, mit denen man kaum Sympathiepunkte sammeln kann. In der Bibel gilt die Schlange sogar als Sinnbild des Satans. Im ersten Buch der Bibel verführt sie Eva, von der Frucht am Baum der Erkenntnis zu kosten, und im letzten Buch der Bibel bäumt sich Satan, »die alte Schlange«, ein letztes Mal im Kampf gegen Gott auf.

Doch Symbole können immer mehrere Bedeutungen in sich tragen. Als das Volk Israel auf seiner Wüstenwanderung von Giftschlangen bedrängt wurde, die die Menschen sterben ließen, befahl Gott Mose, eine eherne Schlange zu gießen und an einem hohen Stab zu befestigen (4. Mose 21). Wer nun nach einem Schlangenbiss auf diese Schlange blickte, musste nicht sterben. Im Neuen Testament wird dieser Schlangenstab zum Sinnbild für Christus am Kreuz (Johannes 3,14). Zum Einen kann man sich leicht vorstellen, dass eine waagerecht an einem Stab angebrachte Schlange in der Form einem Kreuz ähnelt, zum Zweiten erinnert die erhobene Schlangenskulptur an Jesus, der, am Kreuz angenagelt, auf die Menschen hinuntersah und als Christus, König und Herrscher des Universums, wahrhaft »erhöht« wurde, und schließlich will uns die Botschaft der ganzen Bibel dazu bewegen, immer und überall auf Jesus zu blicken. Alles in allem also ein passendes Bild. Von der in der Wüste angefertigten ehernen Schlange gibt es übrigens noch eine interessante Geschichte zu berichten, die sich etliche hundert Jahre später abspielte. Im 18. Kapitel des 2. Buchs der Könige wird erzählt, dass Hiskia, König von Juda, die Opferhöhen zerstörte, auf denen die Judäer nicht dem einen und einzigen Gott opferten, der sie aus Ägypten geführt hatte, sondern fremden Götzen. Dieser Reinigung fiel auch besagte eherne Schlange zum Opfer, denn sie war inzwischen ebenfalls zu einem Götzen umfunktioniert worden. Hatte sie damals in der Wüste quasi als Fenster gedient, durch das man Gott sehen konnte, war sie nun gewissermaßen zu einem Spiegel geworden, in dem man nur noch sich selbst und seine eigenen Begehrlichkeiten wahrnahm – denn nichts anderes als solch ein Spiegel ist ein Götze.

Die Schlange in anderen Religionen und Kulturen

Fast in jeder Kultur findet sich die Schlange als Symboltier, mit vielfältigen Bedeutungen. Eine der ältesten Darstellungen, ein Rollsiegel, das im mesopotamischen Uruk ausgegraben wurde, zeigt eine menschliche Gestalt mit je einer Schlange in der Hand. Von daher liegt die Vermutung nahe, dass dort einem Schlangenkult gehuldigt wurde. Eine Vielzahl von Schlangengöttern kennen wir auch aus Ägypten. Dort galt etwa die Kobra als Inbegriff von königlicher Weisheit und Macht, die Natter dagegen als Dämon der Finsternis. In Griechenland wiederum stellte man sich Asklepios, von Schlangen umgeben, als Gott der Heilkunst vor. In den keltischen Gebieten dagegen wurde die Schlange als Sinnbild der Fruchtbarkeit betrachtet, während man sie in Afrika gedanklich mit dem Regenbogen oder auch Blitz und Donner in Verbindung brachte – um nur einige Beispiele von vielen zu nennen. Praktisch jede Kultur brachte ihre eigene Deutung des Schlangensymbols hervor.

Snake-Handling

In den christlichen Kirchen spielt die Schlange als Symbol, in welcher Bedeutung auch immer, keine besondere Rolle mehr. Eine bemerkenswerte und recht abstruse Ausnahme gibt es dennoch: Um die

Wende zum 20. Jahrhundert begannen einige Pfingstgemeinden in den amerikanischen Appalachen im Rahmen ihrer Gottesdienste mit Giftschlangen zu hantieren – man nannte das *Snake-Handling*. Als Grundlage dieser Praxis dienten ihnen zwei Bibelverse, nämlich Markus 16,18 (»[Sie] werden Schlangen aufheben, und wenn sie etwas Tödliches trinken, wird es ihnen nicht schaden«) und Lukas 10,19 (»Siehe, ich habe euch die Macht gegeben, auf Schlangen und Skorpione zu treten, und über die ganze Kraft des Feindes, und nichts soll euch schaden«; ELB). Nun ist es immer gefährlich, aus einzelnen Bibelversen eine ganze Theologie zu basteln, in diesem Fall sogar buchstäblich: George Hensley, der in den 1920er-Jahren eine ganze Bewegung gründete, bei der das *Snake-Handling* im Mittelpunkt stand, starb 1955 an einem Schlangenbiss, und er blieb bei Weitem nicht das einzige Opfer. Heute zählt man etwa 40 kleinere Gemeinden in den USA und in Kanada, in denen noch *Snake-Handling* praktiziert wird. Ihnen sollte zu denken geben, dass außer den beiden oben genannten Versen noch weitaus mehr in der Bibel steht, zum Beispiel: »Du sollst den Herrn, deinen Gott, nicht versuchen« (Matthäus 4,7; ELB). Wunder ohne Not provozieren zu wollen ist gewiss nicht das, was uns Gott näher bringt. Vielleicht sollten sich die betreffenden Gemeinden auf einen harmloseren Zeitvertreib verlegen: zum Beispiel Berge versetzen.

Schlüssel

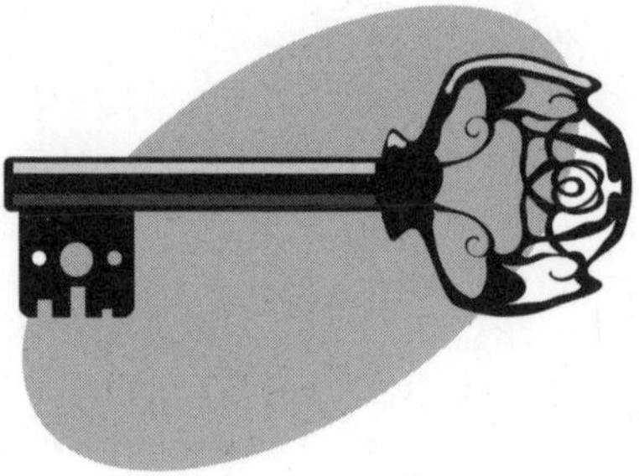

Kennen Sie den? »Kommt ein Rechtsanwalt (Gas- und Wasserinstallateur, Lehrer – Sie können hier einen beliebigen Beruf einsetzen) an die Himmelspforte und bittet Petrus um Einlass …« Unzählige Witze beginnen so, die meisten davon theologisch recht fragwürdig, weshalb an dieser Stelle auch nicht eine einzige dieser Pointen aufgeführt wird. Auch wenn sich die Vorstellung von Petrus als Wächter der Himmelspforte weitgehend verselbstständigt hat, besitzt sie doch einen biblischen Kern. Ihn finden wir in Matthäus 16,19, wo Jesus zu Petrus sagt: »Ich werde dir die Schlüssel zum Himmelreich geben. Was du auf der Erde bindest, wird auch im Himmel gebunden sein, und was du auf der Erde öffnest, wird auch im Himmel offen sein« (ELB).

Doch nicht nur in der Volksfrömmigkeit ist dieses Bild populär. Auch die Päpste, die sich als Nachfolger des Fischers Petrus verstehen, bedienen sich dieses Symbols. Auf der Flagge des Vatikans (und auch auf der Internetseite des Papstes) fallen dem Betrachter als Erstes die beiden gekreuzten Schlüssel unter einer Tiara ins Auge.

Der Schlüssel (mit dem Schloss, das man sich dazu denken muss) ist damit vielleicht die einzige mechanische Vorrichtung, die es bis zu einem heraldischen Symbol gebracht hat. Das verdankt sich natürlich auch der Tatsache, dass die symbolische Bedeutung auf der Hand liegt: Nur wer im Besitz des richtigen Instruments oder des richtigen Wissens ist, kann ein bestimmtes Hindernis überwinden. Schon sehr lange kann sich die Menschheit dieses Symbols und der Schließvorrichtung im buchstäblichen Sinn erfreuen: Vor 7 000 Jahren wurde das erste uns bekannte Schloss entwickelt – noch nicht aus Metall, sondern aus Holz und Knochen konstruiert. Damals wurden Schlösser nicht wie heute in die Tür eingebaut, sondern an der Außenseite angebracht. Der eingeführte Schlüssel bewegte, wenn er passte, Sperrklötzchen, die dann den Türriegel freigaben. Doch nicht immer lohnte der Blick durch die aufgeschlossene Tür, wie schon eines der ältesten biblischen Bücher bezeugt: »Weil der König die Tür des Obergemachs nicht öffnete, holten sie einen Schlüssel und schlossen die Tür auf. Da fanden sie ihren Herrn tot auf dem Boden liegen« (Richter 3,25; NL). Der Richter Ehud hatte das Urteil an dem gottlosen König von Israel vollstreckt.

In einem anderen alttestamentlichen Buch wird auf den Schlüssel in seiner übertragenen Bedeutung zurückgegriffen. Jesaja überbringt dem Palastverwalter Schebna eine Botschaft Gottes: Er wird abgesetzt, und sein Amt soll Eljakim übernehmen. Über ihn sagt Gott durch Jesajas Mund Folgendes: »Ich vertraue ihm den Schlüssel zum Haus Davids an. Türen, die er öffnet, kann niemand schließen, Türen, die er schließt, kann niemand öffnen« (Jesaja 22,22; NL). Viel später, nämlich in der Offenbarung wird das Bild vom Schlüssel zum Haus David noch einmal aufgenommen. Im Sendschreiben an die Gemeinde von Philadelphia heißt es: »Das ist die Botschaft dessen, der heilig und wahrhaftig ist und der den Schlüssel Davids hat. Was er öffnet, kann niemand schließen, und was er schließt, kann niemand öffnen« (Offenbarung 3,7; NL).

Die Symbolik unterscheidet sich nicht von der des Alten Testaments, doch bleibt anzumerken, dass die Hörer und Leser der Offenbarung ein anderes Bild vor ihrem inneren Auge hatten als die zeitgenössischen Hörer und Leser des Jesajabuchs. Die fortgeschrittene Technik erlaubte inzwischen auch den Bau von Schlössern aus Bronze und Eisen, und die Römer kannten sogar Zahlenschlösser, die im Prinzip wie die heutigen funktionierten. Daneben ließen sie sich eine technologisch minder bedeutsame, doch außerordentlich praktische Innovation einfallen: den Ringschlüssel mit abgekantetem Bart, den sich die Hausfrau auf den Finger steckte, damit der Schlüssel immer griffbereit war und nicht verloren ging. Daraus entwickelte sich wahrscheinlich der Ehering – zunächst also ein Zeichen der Schlüsselgewalt über Haus und Hof.

Zum guten Schluss doch noch eine vollständige Geschichte um Petrus und seine Himmelsschlüssel:

Kommt ein Mann an die Himmelpforte und bittet Petrus um Einlass. Der sagt: »Wir haben hier ein Punktesystem. Wenn du eintausend Punkte vorweisen kannst, darfst du den Himmel betreten.« »Gut«, meint der Einlasssuchende, »ich habe jeden Sonntag den Gottesdienst besucht, sogar im Urlaub.« »Das wären dann zwei Punkte«, entgegnet Petrus. »Was hast du sonst noch vorzuweisen?« »Ich habe regelmäßig größere Summen gespendet.« »Noch zwei Punkte, damit haben wir schon vier. Was noch?« Der Mann ereifert sich. »Hör mal, Petrus. Ich habe ein vorbildliches Leben geführt, und nun gibt es für jede Leistung nicht einmal eine Handvoll Punkte. Die Tausend bekomme ich niemals voll – da hilft mir ja nur noch Gnade!« So ist es. Das ist der Schlüssel.

Schwan

In den meisten Bibelübersetzungen kommt der Schwan nicht ein einziges Mal vor – außer bei Luther, dort allerdings gleich zwei Mal, in 3. Mose 11,17 und 5. Mose 14,17. Dass man sich bei der Bezeichnung der biblischen Tierarten nicht ganz einig ist, kann man leicht einsehen, denn hier stößt man auf sehr spezielle Vokabeln, deren genaue Bedeutung nicht immer eindeutig zu entschlüsseln ist. Der Schwan jedenfalls ist nach weithin geteilter Auffassung kein biblisches Tier. Dass er dennoch auf manchen lutherischen Kirchtürmen anstatt des bekannteren Wetterhahns zu finden ist, geht auch nicht auf biblische Zeiten, sondern auf das 15. Jahrhundert und den Tschechen Jan Hus zurück. Er wurde um 1372 geboren und 1400 zum katholischen Priester geweiht. Von Anfang an legte er sich mit den kirchlichen Würdenträgern an. In der Prager Bethlehem-Kapelle predigte er nicht auf Latein, sondern in der tschechischen Volkssprache. (Übrigens machte er sich um seine Muttersprache auch anderweitig verdient: Er führte die sogenannten diakritischen Zeichen, also Akzente und »Hatscheks«, die Häkchen über manchen Buchstaben, ein. Damit geht das Schriftbild des heutigen Tschechisch auf ihn zurück.) Weiterhin setzte sich Hus dafür ein, den Gläubigen beim Abendmahl nicht nur das Brot, sondern auch den Wein zu reichen. Darüber hinaus wetterte er gegen den Sittenverfall unter den kirchlichen Würdenträgern und vertrat die Ansicht, dic Kirche solle keine hierarchisch organisierte Gemeinschaft sein, sondern sich allein Christus unterordnen. Damit zog er den Zorn der Kirche auf sich und wurde vor das Konzil zu Konstanz zitiert. Man sicherte ihm freies Geleit zu, doch kaum war er in der Stadt angekommen, wurde er auch schon verhaftet. Man machte ihm den Prozess und verurteilte ihn als Ketzer zum Tod auf dem

Scheiterhaufen. Kurz vor seinem Tod am 6. Juli 1415 soll er ausgerufen haben: »Heute bratet ihr eine Gans, doch aus der Asche wird ein Schwan auferstehen.« Wer des Tschechischen mächtig ist, wird hierin das Wortspiel erkennen können, denn der tschechische Begriff für Gans ist »Hus«. Als einhundert Jahre später die eigentliche Reformation durch Martin Luther einsetzte und für einen tief greifenden Wandel auf der religiösen Landkarte sorgte, deuteten Luthers Anhänger diesen – historisch nicht zweifelsfrei belegbaren – Ausspruch auf Luther selbst, und das ist der Grund, weshalb der Schwan manchen Turm einer lutherischen Kirche schmückt.

Steine

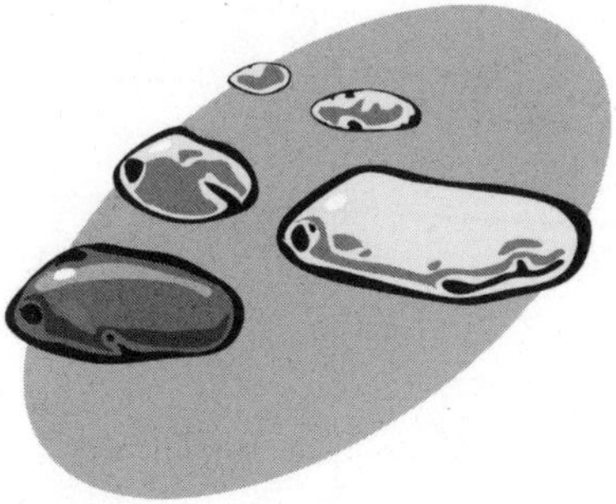

Ein Diamant ist unvergänglich, sagt man. Wenn es allerdings nicht auf das Glitzern und Funkeln ankommt, sondern nur auf die Unvergänglichkeit, oder vorsichtiger gesagt die außerordentlich lange Lebensdauer, tut es auch Granit oder Feuerstein. Tatsächlich ist der Diamant in diesem Fall nicht einmal besonders geeignet: Da man außerordentlich viel Energie hineinstecken muss, um aus schlichtem Kohlenstoff einen funkelnden Diamanten zu machen, und jeder Stoff nach einem niedrigen und damit stabilen Energieniveau strebt, läuft jeder Diamant Gefahr, sich spontan zu schnödem Grafit zu zersetzen – so jedenfalls die Theorie. Außerdem lassen sich aus Diamant nur vergleichsweise kleine Schmuckstücke herstellen, und wenn ein König, Kaiser oder Pharao das Bedürfnis verspürt, sich ein eindrucksvolles Denkmal zu setzen, bieten weniger wertvolle, aber voluminösere Steine einen gewissen Vorteil. Doch nicht immer schuf man Skulpturen und Bauwerke aus Stein, um sich ein Stück Unvergänglichkeit zu sichern. Vielerorts wurden auch unbearbeitete oder roh behauene Steine aufgestellt, die sogenannten Menhire, seit Asterix auch als Hinkelsteine bekannt. Die ältesten, von denen man weiß, stehen im türkischen Göbekli Tepe, einer etwa 11 000 Jahre alten Tempelanlage. Verbreitet allerdings waren sie vor allem im westlichen Europa. Dort stellte man vielerorts diese »langen Steine« (das bedeutet die aus dem Bretonischen übernommene Bezeichnung) einzeln oder in Gruppen auf. Berühmt ist vor allem der Steinkreis von Stonehenge, wobei nach wie vor sehr unterschiedliche Theorien kursieren, zu welchem Zweck dieses Bauwerk einst diente. Nennius, ein Historiker des neunten nachchristlichen Jahrhunderts, vertrat die Auffassung, es handele sich um ein Denkmal für 400 Adlige, die 472 n.Chr. vom Sachsenkönig Hengist ermordet wurden, andere sehen in der merkwürdigen Anordnung von Steinen eine druidische Kultstätte oder auch ein astronomisches Observatorium. Der größte heute noch stehende Menhir findet sich allerdings nicht in Stonehenge, sondern in der Nähe des französischen Plouarzel. Er wiegt über 150 Tonnen und ist etwa zwölf Meter hoch, was davon Zeugnis ablegt, dass die Menschen der vorgeschichtlichen Zeit über beachtliche Techniken verfügten, um Steine solchen Ausmaßes zu bewegen.

Steinmale in der Bibel

Auch die Bibel berichtet von solchen Steinmalen, die aufgerichtet wurden, um an besondere Ereignisse zu erinnern, weltliche wie geistliche. In 1. Mose 31 wird erzählt, dass Jakob mit seinem Onkel Laban (der ihm, was Gerissenheit betraf, kaum nachstand), einen Bund schloss und dies mit dem Zusammentragen eines Steinhaufens besiegelte. Anschließend nahm man auf dem Haufen noch eine gemeinsame Mahlzeit ein, und damit war der Vertrag perfekt.

Von Jakob ist noch eine weitere Geschichte überliefert, die ebenfalls mit einem Stein zu tun hat, und bei dieser Gelegenheit diente der Felsbrocken erst als Kopfkissen, dann – nachdem Jakob im Traum eine Gottesbegegnung zuteil wurde – als Gedenkstein, um an diese Vision zu erinnern. Diesem Stein gab Jakob sogar einen Namen: Bethel, übersetzt »Haus Gottes«.

Auch an anderer Stelle sollen Steine an das Eingreifen Gottes erinnern, so zum Beispiel beim Durchzug der Israeliten durch den Jordan, kurz bevor die Wüstenwanderung nach dem Auszug aus Ägypten nach vierzig Jahren zu einem guten Ende kam. Zwölf Steine – einer für jeden Stamm – wurden mitten im Fluss aufgeschichtet, genau an der Stelle, wo die Priester mit der Bundeslade gestanden hatten, um die Fluten des Jordan aufzuhalten, damit das Volk Israel trockenen Fußes hindurchziehen konnte. Zum Nachlesen hier noch einmal die Stelle, denn diese Geschichte ist weitaus weniger bekannt als die ähnlich geartete vom Durchzug durch das Schilfmeer: Man findet sie in Josua 4,9. Und, so berichtet der Verfasser, »dort sind sie noch bis zum heutigen Tag« (ELB), wobei dieser heutige Tag inzwischen auch viele hundert Jahre zurückliegt, sodass kaum Hoffnung besteht, dieses Steinmal heute noch zu lokalisieren.

Weitaus weltlichere Gedanken hatte Absalom, der Sohn des großen Königs Davids, der gerne seinen Vater vom Thron gestürzt hätte. Er errichtete sich schon zu Lebzeiten einen Gedenkstein, wie in 2. Samuel 18,18 berichtet wird, um dem Vergessenwerden vorzubeugen. Dass er jedoch seinen Vater David vom Thron verdrängen wollte, um selber König zu werden, bekam ihm schlecht. Im Kampf gegen die Getreuen des rechtmäßigen Königs kam er um und wurde unter einem Steinhaufen verscharrt. Auf dieses zweite Denkmal, das er sich nicht einmal selbst hatte errichten müssen, hätte er sicherlich gerne verzichtet, doch letzten Endes hatte er sein Schicksal selbst verschuldet.

Einen Grabstein nach einem erfüllten und glücklichen Leben dagegen bekam Rahel, Jakobs Lieblingsfrau. Er errichtete nach ihrem Tod ein Gedenkmal auf ihrem Grab (1. Mose 35,20).

Kleiner und edler

Doch auch kleiner dimensionierte Edelsteine spielen in der Bibel eine wichtige Rolle. Im 2. Buch Mose finden wir die Vorschriften zur Anfertigung der Priestergewänder. Auf der Brusttasche waren in vier Reihen zwölf Edel- und Halbedelsteine aufgebracht, von denen jeder symbolisch einen der zwölf Stämme Israels darstellte. Die Bezeichnungen dieser Steine sind an gleicher Stelle überliefert: Es handelte sich um Karneol, Topas, Smaragd, Rubin, Saphir, Jaspis, Hyazinth, Achat, Amethyst, Türkis, Onyx und Nephrit. Die Kostbarkeit dieser Steine wird durch die restliche Ausstattung der Brusttasche noch unterstrichen: gedrehte Ketten und Ringe aus reinem Gold. Die genaue Bezeichnung dieser edlen Steine ist insofern bedeutsam, als sie in der Offenbarung des Johannes noch einmal aufgegriffen wird: In seiner Vision des himmlischen Jerusalem sieht er die Grundsteine der Stadtmauern, die ganz und gar aus diesen kostbaren Steinen bestehen. Hier herrscht kein Mangel mehr, und selbst die Edelsteine sind in der Stadt, wo Gott wohnt, groß wie Felsbrocken.

Felsen, Steine und Gemeinde

Wenn es um Felsbrocken im Neuen Testament geht, darf Petrus nicht fehlen. Ursprünglich hieß er Simon, doch Jesus gab ihm den Beinamen Petrus beziehungsweise Kephas, was auf Deutsch nichts anderes als »Fels« bedeutet, mit der Zusage: »[...] auf diesen Felsen werde ich meine Gemeinde bauen, und des Hades Pforten werden sie nicht überwältigen« (Matthäus 16,18; ELB). Eigentlich eine seltsame Wahl, denn der impulsive, unberechenbare, unbeständige Simon (der übrigens auch in den Kapiteln »Hahn« und »Schaf« einen kurzen Auftritt hat), war nach menschlichem Ermessen kaum der geeignete Kandidat für ein so verantwortungsvolles Amt. Allerdings: Hätte man im Jüngerkreis nach einem durchsetzungsfähigen, organisatorisch begabten, öffentlichkeitswirksamen Gesamtgemeindeleiter Ausschau gehalten, wäre vermutlich mancher versucht gewesen, Judas den Vorzug zu geben, was wieder einmal beweist, dass Gott seine Geschöpfe besser kennt als wir selbst. Petrus wuchs tatsächlich in sein Amt hinein, wie die Berichte der Apostelgeschichte immer wieder deutlich machen. Und in dem ersten der beiden Briefe aus seiner Feder, die wir heute in der Bibel finden, ruft er seine Mitbrüder und -schwestern auf: »Und nun lasst euch von Gott als lebendige Steine in seinen geistlichen Tempel einbauen!« (1. Petrus 2,5; NL). In diesem Tempel wird Christus als Eckstein bezeichnet, was wiederum zwei Deutungen nahelegt. Entweder denkt Petrus hier an den Grundstein, der mit Beginn der Bauarbeiten gelegt wird. Die Bedeutung dieser und anderer Stellen, in denen Christus mit einem Eckstein gleichgesetzt wird, ergibt sich ohne große Gedankensprünge: Ohne Christus würde der Gemeinde Fundament und Ausgangspunkt fehlen. Möglicherweise ist mit dem Eckstein jedoch auch der Abschlussstein einer Kuppel oder eines Bogens gemeint. Wenn man diesen Stein als Letztes in das fast fertige Gewölbe einfügt, verkanten sich alle Steine so, dass die Konstruktion auch ohne Mörtel und Zement stabil bleibt. Auch in diesem Fall liegt die Übertragung sinngemäß auf der Hand: Ohne Christus würde die Gemeinde zusammenfallen wie ein Kartenhaus.

Heute, da wir Verträge nicht mehr mit Steinhaufen besiegeln, sondern mit einer Unterschrift (und in manchen Fällen auch nur mit einem Mausklick, was in etwa so fälschungssicher wie eine Ansammlung von Felsbrocken ist), begegnen uns Steine im kirchlichen Leben trotzdem auf Schritt und Tritt, schon deshalb, weil Stein – eben wegen seiner Dauerhaftigkeit – das ideale Baumaterial für Kirchen wie auch für Privathäuser ist. Unsere Grabsteine kommen dem alttestamentlichen Brauch, Gedenksteine zu errichten, sicherlich am nächsten. Auf jüdischen Friedhöfen ist es bis heute üblich, einen etwa faustgroßen Stein als Zeichen des Gedenkens auf das Grab zu legen.

Die höchste symbolische Bedeutung erklimmt der Fels allerdings dann, wenn – wie in dem Bild vom Eckstein – Christus selbst damit gemeint ist. Deshalb – um hier eine letzte neutestamentliche Stelle heranzuziehen, in der Fels erwähnt wird – lohnt es sich, sein Haus auf den Felsen zu bauen und nicht auf den Sand, im echten Leben wie auch im übertragenen Sinn (Lukas 6,48-49).

Taube

Tauben sind eine Plage der Großstädte. Sie verschmutzen Plätze und Dächer, vermehren sich unkontrolliert, liefern einander heftige Kämpfe und stören gerade da am meisten, wo viele Menschen zusammenkommen. Auf den ersten Blick also verwunderlich, dass die Taube es zu einer beispiellosen Symbolkarriere gebracht hat. Andererseits wirkt in erster Linie das massenhafte Auftreten dieser Vögel störend, vor allen Dingen, wenn sie auf eigene Faust handeln. Wenn man ihre Instinkte dagegen in nützliche Bahnen zu lenken weiß, sind sie von unschätzbarem Wert für den Menschen. In erster Linie machte man sich in vergangenen Zeiten ihr Orientierungsvermögen zunutze, um Nachrichten zu übermitteln. Schon die Sumerer und alten Ägypter unternahmen erfolgreiche Versuche, Tauben zu domestizieren und als Brieftauben einzusetzen. So wurde etwa die Nachricht von der Krönung des Pharaos Ramses II. 1279 v.Chr. durch Brieftauben übermittelt. Bis zum Zweiten Weltkrieg wurden Brieftauben vom Militär eingesetzt, doch im Zeitalter der Satellitenkommunikation spielt diese Form der Nachrichtenübermittlung keine Rolle mehr, und so wurde 1997 auch der Brieftaubendienst der Schweizer Armee aufgelöst, nachdem ihm schon längere Zeit keine wirkliche militärische Bedeutung mehr zugekommen war.

Liebe, Tod und Frieden

Im Grunde wäre es naheliegend, die Taube daher zum Symbol der Kommunikation zu erheben, vergleichbar den griechischen und römischen Götterboten oder auch den biblischen Engeln. In Griechenland jedoch galt die Taube als Liebesvogel, der der Aphrodite heilig war, was insofern für die moralische Reife der Griechen spricht, als die Taube im Allgemeinen monogam lebt. In Germanien dagegen galten Tauben als Todesvögel.

Wenn man heute an die symbolische Bedeutung dieses Vogels denkt, kommt einem zuerst die Friedenstaube in den Sinn. Wenn Tauben sich auch untereinander heftige Kämpfe liefern, ist diese Symbolik insoweit gerechtfertigt, als Tauben keine Raubtiere sind und niemals Menschen angreifen. In Barockmärchen, die vom »Krieg der Vögel« erzählen, treten die Tauben – im Gegensatz zu den kämpferischen Falken – als Friedensstifter auf, und im 17. Jahrhundert wurden vielerorts Münzen geprägt, die eine Taube mit einem Ölzweig im Schnabel zeigen. Diese Symbolik ist bis heute lebendig. 1949 fertigte Picasso seine berühmte Federzeichnung der Friedenstaube an, die zum offiziellen Signet des Pariser Weltfriedenskongresses wurde. Manchen Quellen zufolge ließ er sich dabei von der biblischen Noaherzählung inspirieren.

Tauben in der Bibel

Als Noah nämlich nach dem Ende der Regenfälle mit seiner Arche auf Grund gelaufen war, wartete er einige Tage, bis sich der Wasserspiegel gesenkt hatte, und schickte dann zunächst einen Raben hinaus, um nachzuprüfen, ob er schon einen trockenen Ort finden könne. Dann folgten drei gleichartige Taubenexperimente: Beim ersten Mal kehrte die Taube erschöpft zurück, weil sie nirgends landen konnten, beim zweiten Mal hielt sie ein frisches Olivenblatt im Schnabel (darauf geht auch der Ölzweig der Friedenstaube zurück), das sie von einem Baum gepflückt hatte, und beim dritten Mal kehrte sie überhaupt nicht mehr zurück, weil die Erde wieder bewohnbar war. Hier spielt die Vorstellung von der Taube als Botschafterin und Nachrichtenübermittlerin also durchaus eine Rolle.

Noch eine zweite und für die Taube selbst unangenehmere Rolle wird ihr in der Bibel zugewiesen. Sie galt nämlich als kultisch rein und durfte damit verspeist werden. Nicht nur das, im Gegensatz zu anderen zum Genuss geeigneten Vögeln wie etwa Hühnern durfte sie auch im Tempel geopfert werden, wobei dies vor allem für arme Leute in Frage kam, die sich keine größeren Opfertiere wie Schafe oder Stiere leisten konnten.

Drittens, und damit ergibt sich eine entfernte Parallele zur griechischen Mythologie, vergleicht der Verfasser des Hohenlieds seine Freundin immer wieder mit einer Taube. Hier nur einige Kostproben: »Meine Taube in den Schlupfwinkeln der Felsen, im Versteck an den Felsstufen, lass mich deine Gestalt sehen, lass mich deine Stimme hören! Denn deine Stimme ist süß und deine Gestalt anmutig.« – »Siehe, schön bist du, meine Freundin. Siehe, du bist schön! Deine Augen leuchten wie Tauben hinter deinem Schleier hervor. Dein Haar ist wie eine Herde Ziegen, die vom Gebirge Gilead hüpfen.« – »Eine nur ist meine Taube, meine Vollkommene« (Hoheslied 2,14; 4,1; 6,9; ELB).

Die letzte Stelle im Alten Testament, an der eine Taube erwähnt wird, zeugt allerdings von enttäuschter Hoffnung in einer für Israel schwierigen Zeit: »Wir brummen alle wie die Bären, und wie die Tauben gurren wir. Wir hoffen auf Recht, aber da ist keins, auf Rettung, doch sie ist fern von uns« (Jesaja 59,11; ELB).

Im Neuen Testament stoßen wir zunächst auf ein Jesuswort: »Seht, ich sende euch aus wie Schafe unter Wölfe. Seid vorsichtig wie die Schlangen und sanft wie die Tauben« (Matthäus 10,16; NL). Vier Tiere mit symbolischer Bedeutung in einem Atemzug ist möglicherweise biblischer Rekord, doch trotz der bilderreichen Sprache erschließt sich der Sinn leicht: Seid unschuldig, aber nicht naiv.

Zu höchster symbolischer Bedeutung steigt die Taube jedoch in Berichten der Evangelien über die Taufe Jesu auf. Nachdem ihn Johannes der Täufer im Jordan untergetaucht hat, öffnet sich der Himmel, der Heilige Geist fährt wie eine Taube herab, und die Umstehenden hören die Stimme Gottes: »Du bist mein geliebter Sohn, an dir habe ich Wohlgefallen gefunden« (Markus 1,11; ELB). Damit war der Christenheit ein griffiges Symbol für den Heiligen Geist geschenkt worden, der ja im Grunde auch etwas mit der Aufgabe der Taube als Nachrichtenübermittlerin zu tun hat. Denn Gott ist unsichtbar und für uns unbegreiflich und unfassbar, doch der Heilige Geist ist Gott, der mit uns Kontakt aufnimmt, in uns wohnt und uns bekräftigt, dass wir seine Kinder sind.

In der frühen Kirche allerdings stieß dieses Symbol zunächst nicht auf Gegenliebe, da es auf viele Christen der ersten Generationen erotisch aufgeladen wirkte – sie hatten noch die griechische Vorstellung vom Liebesvogel im Kopf. Lieber stellte man den Heiligen Geist in menschlicher Gestalt dar. Erst Papst Benedikt XIV. verfügte 1745, dass der Heilige Geist immer und überall als Taube darzustellen sei.

Im Gemeindeleben spielte die Taube zu Pfingsten, dem Fest der Ausgießung des Heiligen Geistes, eine gewisse Rolle. In manchen Kirchen rieselte brennendes Werg, das die Feuerzungen symbolisierte, aus dem Kirchengewölbe auf die andächtige Gemeinde. In anderen senkte man eine hölzerne Taube herab oder ließ sogar eine lebendige Taube fliegen, um die Ankunft des Heiligen Geistes zu symbolisieren.

Wasser

Gleich auf der ersten Seite der Bibel ist vom Wasser die Rede: Nachdem Gott Himmel und Erde geschaffen hatte, schwebte sein Geist über dem Wasser – oder über der »Urflut«, wie manche Übersetzungen sagen. Der Bogen spannt sich bis zur letzten Seite der Bibel. In Offenbarung 21 lesen wir vom Strom des Lebens, der durch das neue Jerusalem fließt, durch das Land, wo man den Tod nicht mehr kennt und Gott selbst alle Tränen abgewischt hat.

Auf den etwa anderthalbtausend anderen Seiten der Heiligen Schrift stößt man immer wieder auf Wassergeschichten, dramatische, lebensbedrohliche, Leben rettende und heilsame.

Wassermassen

Werfen wir zunächst einen Blick auf die dramatischen Ereignisse, deren bedrohlicher Charakter sich aus dem Vorhandensein einer allzu großen Menge des eigentlich lebensspendenden Stoffes ergibt. Vor allem ist hier die Sintflut zu nennen, der allein Noah samt erweitertem Familienkreis in der Arche entkommt, sowie, je nachdem, ob sie rituell unrein oder rein sind, zwei oder sieben Exemplare jeder Tierart. Das bei Ausgrabungen in Ninive gefundene Gilgamesch-Epos erzählt im Wesentlichen dieselbe Geschichte, wenn auch in Keilschrift und an die in Sumer damals geläufige Götterwelt angepasst.

Eine weitere bekannte biblische Geschichte, in der das Wasser eine unheilvolle Rolle spielt, ist der Durchzug der Israeliten durch das Schilfmeer – unheilvoll allerdings nur für die sie verfolgenden Ägypter, die mit ihren Kriegswagen im Schlamm stecken blieben und von den Wassermassen begraben wurden, als Mose seinen Stab sinken ließ und das Meer, nachdem alle Israeliten trockenen Fußes ans andere Ufer gekommen waren, wieder an seinen angestammten Platz zurückkehrte. Eine Geschichte übrigens, die die Regisseure von Monumentalfilmen bereits in der Frühzeit der bewegten Bilder zu einem tiefen Griff in die Trickkiste inspirierte. Eine ähnliche Begebenheit, nicht ganz so bekannt, wird auch zu späterer Zeit vermeldet, als sich das Volk Israel nach vierzigjähriger Wüstenwanderung dem verheißenen Land näherte und zur Erntezeit den Jordan, der in dieser Zeit besonders reichlich Wasser führte, trockenen Fußes überquerte. Von oben staute sich das Wasser und stand wie ein Wall quer im Flussbett, nach unten hin floss das Wasser zum Salzmeer hin. Zum Gedächtnis an diesen Durchzug ließ Josua zwölf Gedenksteine errichten – auch dies eine symbolträchtige Handlung. Noch ein letzter Durchzug durch den Jordan muss hier erwähnt werden, wenn auch lediglich zwei Personen beteiligt waren: Elia und sein designierter Nachfolger Elisa, der ihn auf seiner letzten Reise begleitete. Am Jordan angekommen, schlug Elia mit seinem Prophetenmantel auf die Fluten des Jordan. Sie teilten sich, und beide überquerten den Fluss trockenen Fußes. Auf der anderen Seite nahm Elia Abschied, übergab Elisa seinen Mantel und machte ihn so zu seinem Nachfolger. Dann hob ihn ein feuriger Wagen empor in den Himmel. Elisa, nun allein, schlug auf dem Rückweg gleichfalls auf das Wasser, und wieder teilten sich die Fluten – ein Zeichen, dass Gott ihn als Elias Nachfolger anerkannt hatte.

Überhaupt flößte das Meer (und das schloss nach damaligem Verständnis auch größere Seen wie etwa den See Genezareth ein) allen semitischen Völkern und damit auch den Juden Furcht ein. Man sah darin das Chaos der gottfeindlichen Mächte am Werk, nicht zuletzt in Gestalt des Leviatan, eines Meerungeheuers. Luther übersetzte diesen Begriff im Grundtext als »großer Fisch«, und viele Jahrhunderte später lernt der geneigte Leser im Walfängerroman *Moby Dick* (der nicht umsonst als Inbegriff der symbolbefrachteten erzählenden Literatur gilt) den Pottwal als Leviatan kennen.

Vor diesem Hintergrund gewinnt der in den drei synoptischen Evangelien enthaltene Bericht von der Stillung des Sturms noch eine tiefere Dimension – Jesus ist nicht nur in der Lage, die Naturgewalten zu beherrschen, sondern sogar die gottfeindlichen Mächte.

Zur inneren und äußeren Anwendung

So gefährlich unkontrollierbare Wassermassen dem Menschen werden können, so nötig hat er Wasser zum Leben – schon die Tatsache, dass der Mensch zu etwa 65 Prozent aus Wasser besteht, weist darauf hin. Und nicht umsonst jubeln Forscher, wenn sie auf anderen Planeten Wasser entdecken, wie jüngst auf dem Mars – wenn auch manch eine Boulevardzeitung den Unterschied zwischen einfachsten Lebensformen und intelligentem Leben schlicht ignorierte und sich in wilden Spekulationen erging. Zweitens dient Wasser – äußerlich angewendet, wie es ein Beipackzettel zu einem Arzneimittel formulieren würde – der Hygiene, am besten und gründlichsten natürlich in Verbindung mit Seifenlauge. Dass man sich in dieser Hinsicht schon in biblischer Zeit zu helfen wusste, zeigt eine Stelle wie Jeremia 2,22: »Auch wenn du dich mit Natron wüschest und viel Laugensalz nähmst: schmutzig bleibt deine Schuld vor mir, spricht der Herr, HERR« (ELB), heißt es dort. Gerne nahm man auch Schneewasser, weil es besonders sauber war, gab aber ansonsten fließendem Wasser den Vorzug, da es den Schmutz fortspülte. Wer königlichem Geblüt entstammte und dazu noch das nötige Kleingeld in der Tasche hatte, ließ sich im eigenen Haus beziehungsweise Palast ein Badehaus einrichten, oder auch mehrere. In einem Palast, der aus der Dynastie von Akkad stammt und im babylonischen Asunna ausgegraben wurde, entdeckte man sieben Toiletten und fünf Baderäume. Auch Badewannen waren in Assyrien schon bekannt.

Nach einem Fußmarsch über die staubigen Straßen war ein Fußbad eine Notwendigkeit, ja sogar ein unbedingtes Gebot der Gastfreundschaft. Wer es versäumte, seinem Gast ein mit Wasser gefülltes Becken zwecks Erfrischung und Reinigung der Füße vorzusetzen (wie es etwa in Johannes 13,10 erwähnt wird), beging damit nicht einfach einen gedankenlosen Fehler, sondern brüskierte und beleidigte seinen Gast.

Rein und untadelig

Von diesen beiden Eigenschaften des Wassers, dass es nämlich Leben ermöglicht und erhält sowie den Körper reinigt, ist es nur ein kleiner Schritt zur symbolischen Deutung. So wuschen sich die Priester im Tempel von Jerusalem vor rituellen Handlungen in einem eigens dafür aufgestellten Becken, und auch gewöhnliche Gläubige bedurften einer Waschung, um etwa nach der Berührung mit dem Aas eines unreinen Tiers wieder rituelle Reinheit zu erlangen, wie an vielen Stellen im 3. Buch Mose nachzulesen ist. Auch in jeder modernen Synagoge gibt es zu diesem Zweck ein Tauchbad, die sogenannte Mikwe.

Dieser Gedanke, dass die äußerliche Reinigung eines Menschen symbolisch für das Abwaschen der Sünden steht, liegt auch der Taufe des Johannes zugrunde, die er im Jordan an Bußwilligen vollzog. Hier handelte es sich noch nicht um die christliche Taufe, die naturgemäß erst mit der Entstehung christlicher Gemeinden praktiziert wurde. Sie wurde in den ersten drei Jahrhunderten nach Christus ausschließlich durch Untertauchen und an mündigen Gläubigen vollzogen. Ob man diese Taufe nun als symbolischen Akt auffasst oder als heilsnotwendigen Vorgang – hier laufen verschiedene Stränge symbolischen Denkens zusammen. Zunächst spielt hier natürlich der Reinigungsgedanke eine Rolle – mit dem Untertauchen werden die Sünden abgewaschen. Zweitens denkt man dabei an die todbringende Macht des Wassers. Der alte Adam wird ersäuft, der Gläubige lässt sein altes Leben hinter sich. Und drittens klingt in der Taufe die Verheißung neuen Lebens an. Jesus selbst sagte im Gespräch mit der Frau am Brunnen, nachzulesen in Johannes 4: »Ich bin das Wasser des Lebens.« Eine ganz neue, ganz andere Perspektive auf ein erfülltes, gelingendes Leben in der Gegenwart Gottes eröffnet sich hier. Und so schließt sich auch der Kreis, wenn im letzten Kapitel der Offenbarung vom Strom des Lebens erzählt wird – im neuen Jerusalem, im Angesicht der Herrlichkeit Gottes.

M wie Wasser

Auf Bahnhöfen und Flughäfen ist man mit Piktogrammen vertraut: Mit einfachen, stilisierten und vor allem international verständlichen Bildern wird der Reisende darauf hingewiesen, wo er zum Beispiel telefonieren oder Geld wechseln kann. Überraschenderweise stecken solche Piktogramme auch in den Buchstaben unseres lateinischen Alphabets, das seinerseits auf ältere Alphabete des Mittelmeerraums zurückgeht. Im Eilverfahren dargestellt verlief die Entwicklung folgendermaßen: Zunächst kam man auf die Idee, etwas niederzuschreiben, indem man den betreffenden Gegenstand einfach abbildete, also in Stein ritzte oder mit der Feder auf einem Papyrusbogen festhielt. Ein bekanntes Beispiel sind die Hieroglyphen oder die traditionellen chinesischen Schriftzeichen. Nachteil dieser Methode: Man braucht für jedes Wort ein übereinstimmendes Schriftzeichen, und entsprechend schwierig ist das Alphabet zu erlernen. Irgendwann hatte jemand den Gedanken, dass man auch mit deutlich weniger Buchstaben auskommen könnte, indem man nicht Wort für Wort, sondern Laut für Laut schrieb. Man benötigte also lediglich so viele Buchstaben, wie es Laute in der Sprache gab. Für die Darstellung dieser Buchstaben griff man auf folgende Idee zurück: Man wählte ein Wort der Bilderschrift und nahm den Anfangsbuchstaben, der nun den Lautwert des Buchstabens repräsentierte. Aufs Deutsche übertragen (die Idee wurde ursprünglich im semitischen Sprachraum entwickelt) funktionierte das Prinzip also folgendermaßen: Man zeichnete einige Wellen, um Wasser darzustellen, und legte fest, dass dieses Zeichen den Lautwert »W« haben sollte. Nun begann der Begriff für Wasser im Hebräischen, Phönikischen und Arabischen mit einem M – auf Hebräisch etwa sagt man *majim* –, und so stand die stilisiert gezackte Welle ab sofort für diesen Laut. Noch heute sieht man in unserem heutigen Buchstaben »M« (der ja auch schon weit über zweitausend Jahre auf dem Buckel hat) mit etwas Fantasie zwei kleine Wellenberge. Übrigens gehen fast alle unserer lateinischen Buchstaben – auf dem Umweg über das griechische Alphabet – auf solche Piktogramme zurück. Wenn man das A umdreht, erkennt man zum Beispiel einen Ochsenkopf mit zwei Hörnern, im N eine sich windende Schlange.

Was sich bis heute erhalten hat

Alle christlichen Kirchen kennen die Taufe – sei es nun mit mehr oder weniger Wasser, durch Begießen oder Untertauchen, an Unmündigen oder Mündigen vollzogen. Was immer die Angehörigen mancher Konfessionen in ihrem Taufverständnis trennt, Wasser ist ein unverzichtbares Element. Weniger gebräuchlich ist das Ritual der Fußwaschung, das in manchen Kirchen praktiziert wird, und übrigens auch vom Papst zum Osterfest. In Anlehnung an die in den Evangelien berichtete Begebenheit, in der Jesus den Jüngern die Füße wusch, nachdem sie darüber debattiert hatten, wer von ihnen nun der Größte und Wichtigste sei, wird in diesem Ritual Demut und Dienstbereitschaft zum Ausdruck gebracht.

Wein

In Vorderasien wurde bereits seit dem sechsten vorchristlichen Jahrtausend Wein angebaut und gekeltert – lange Zeit, bevor ein findiger Kopf in Sumer um 4000 v.Chr. das Rad erfand. Zumindest blieb der Menschheit der Problemkreis »Alkohol am Steuer« so einige hundert Jahre lang erspart. Vom Mittleren Osten aus verbreitete sich der Wein über Europa und Ägypten. Er wurde nicht nur als Getränk geschätzt, das, in Maßen genossen, fröhlich machte, sondern auch für hygienisches Trinkwasser sorgte, indem es das im Altertum nicht immer keimfreie Wasser genießbar machte. Die römischen Legionäre etwa mussten sich der dienstlichen Pflicht beugen, niemals reines Wasser zu trinken, sondern es immer mit Wein (oder ersatzweise Essig) zu versetzen – eine Regel, die heute so überflüssig wie unnötig ist. Die Griechen hielten es ähnlich, und zwar auch dann, wenn es sie nicht nur danach verlangte, ihren Durst zu stillen, sondern tatsächlich dem Alkohol zu frönen. Auch in diesem Fall galt die eiserne Regel: fünf Teile Wasser, zwei Teile Wein; alles andere galt als unmäßig oder sogar barbarisch. Wenn man zu einem Trinkgelage zusammenkam, nannte man das *Symposion*, was wörtlich nichts anderes heißt als »zusammen trinken«. Wenn man heute eine Zusammenkunft zu wissenschaftlichen Zwecken ebenso bezeichnet, liegt das nicht daran, dass manche wissenschaftlichen Kongresse in besonders attraktiven Städten stattfinden, die für ihre guten Restaurants und Kneipen berühmt sind, sondern daran, dass man damals, solange man noch nicht allzu viele Henkelbecher des weißen, bernsteinfarbenen oder schwarzen Weins geleert hatte, einem angeregten gelehrten Gespräch nicht abgeneigt war.

Wie heute konnte man Weine in drei Geschmacksrichtungen kaufen: trocken, halbtrocken oder lieblich. In letzterem Fall verlangte der

Grieche für seinen Obolus den Wein *glykazon*. Dieser Begriff erinnert alle, die Mitte der Achtzigerjahre für lieblichen Rotwein schwärmten, an den Glykolskandal, als eine Reihe von Winzern ihre Erzeugnisse mit Frostschutzmittel versetzten, um den Wein zu süßen.

Den Römern gebührt das Verdienst, den Wein in weiten Teilen Europas bekannt gemacht zu haben. Denn bei ihren Feldzügen wollten sie naturgemäß nicht auf ihr Lieblingsgetränk verzichten – wie wir erfahren haben, nicht zuletzt aus hygienischen Gründen. So wurde der Weinstock auch in Gallien, Britannien und Germanien heimisch. In Frankreich allerdings, dem Weinland par excellence, wurde der Wein erst ab dem 16. Jahrhundert im großen Stil angebaut. Diesen Stein brachten nicht die Franzosen, sondern ausgerechnet die Engländer ins Rollen, die in den nachfolgenden Jahrhunderten nun nicht gerade für ihre feine Küche bekannt waren. Doch sie herrschten zu dieser Zeit über die Gascogne und Aquitanien, und ihren ausgezeichneten wirtschaftlichen Verbindungen ist es zu verdanken, dass der Wein zu einem begehrten Handelsgut wurde.

Doch noch einmal zurück in die Antike: Dass der Wein dort seit uralter Zeit bekannt und geschätzt war, lässt sich daraus ersehen, dass es in Ägypten, Griechenland und Rom Gottheiten gab, die in erster Linie mit dem Wein in Verbindung gebracht wurden, nämlich Osiris, Dionysus und Bacchus. Sie standen für Ausschweifung und Vergnügen, wobei man um der Gerechtigkeit willen hinzufügen muss, dass es zu jedem dieser Götter auch einen Gegenpol gab wie zum Beispiel Apoll, den Gott der Ordnung, der das Chaos zügelte.

Wein in der Bibel

Auch in der Bibel begegnet man dem Wein auf Schritt und Tritt, in buchstäblicher wie symbolischer Bedeutung. Der erste Weinbauer, von dem die Bibel erzählt, war Noah. Dieser Mann, den Gott um seiner Gerechtigkcit willen vor der großen Flut gerettet hatte, war, was die Produkte seines Weinbergs betraf, offenbar sein bester Kunde. Neben dem Verdienst, das Fortbestehen der Menschheit gerettet zu haben, kommt ihm auch die zweifelhafte Ehre des ersten in der Bibel erwähnten Vollrausches zu, mit unerfreulichen Folgen. Dabei ist die Bibel grundsätzlich nicht gegen den Weingenuss eingestellt, und schon gar nicht gegen die Lebensfreude an sich. In Psalm 104 spricht der Dichter vom Wein, »der des Menschen Herz erfreut«. Ebenso war zu manchem im Tempel dargebrachten Opfer etwas Wein vorgeschrieben, denn er war eine gute und vollkommene Gabe Gottes. Nur sollte man ihn nicht (wie alle guten Gaben) im Übermaß genießen. Bis heute spielt der Wein im Judentum eine bedeutende Rolle. Zu allen Festtagen, soweit es sich nicht um Fastentage handelt, gehören ein oder mehrere Becher Wein unbedingt dazu.

Darüber hinaus steht der Weinstock gemeinsam mit dem Feigenbaum symbolisch für eine gottgewollte Wirtschaftsordnung, wie in über einem Dutzend alttestamentlicher Stellen nachzulesen ist, etwa in 1. Könige 5,5: »Juda und Israel wohnten in Sicherheit, jeder unter seinem Weinstock und unter seinem Feigenbaum« (ELB), heißt es dort über Salomos Regierungszeit. Damit ist gemeint, dass jeder Israelit bescheidenen Wohlstand genießen sollte, um unabhängig zu sein und sich am Ertrag seiner Arbeit freuen zu können. Doch blieb dies eher der Ausnahmezustand. Verständlicherweise wettern die alttestamentlichen Propheten immer wieder gegen die Ausbeutung und Ausnutzung der Armen, nicht ohne Grund taucht dieses Motiv von Weinstock und Feigenbaum in den messianischen Verheißungen in den Büchern Micha und Jesaja auf.

Doch auch warnende Worte hält vor allen Dingen das Buch der Sprüche bereit: »Dem Mangel verfällt, wer Festfreude liebt; wer Wein und Öl liebt, wird nicht reich«, so kann man beispielsweise in Kapitel 21,17 (ELB) lesen. Mitunter steht der Wein, der einen Menschen orientierungslos taumeln lässt, auch für die strafende Hand Gottes: »Denn ein Becher ist in der Hand des HERRN, schäumender Wein voll Würze. Und er schenkt daraus ein: Ja, seine Hefen müssen schlürfen, müssen trinken alle Gottlosen der Erde« (Psalm 75,9; ELB). Doch wie bereits erwähnt, betrachtet die Bibel den Wein, mit Bedacht genossen, als gute Gabe Gottes. Abstinenz war nur in wenigen Fällen vorgeschrieben, zum Beispiel dem amtierenden Priester, der das Heiligtum betrat, oder dem Nasiräer, der ein Gelübde abgelegt hatte, um sich Gott in besonderer Weise zur Verfügung zu stellen.

Im Neuen Testament setzen sich diese Linien fort: Jesus wurde von seinen Kritikern als Weinsäufer verleumdet und verwandelte auf einer Hochzeit Wasser in Wein, damit die Gäste das Fest bis zum Ende genießen konnten (und eine Hochzeit konnte durchaus mehrere Tage dauern). Paulus riet seinem jungen Mitarbeiter Timotheus, seiner Magenprobleme wegen nicht auf den Wein zu verzichten und es in dieser Hinsicht den römischen Legionären gleichzutun. Auf der anderen Seite wird vor dem übermäßigen Genuss von Wein gewarnt, so etwa in Epheser 5,18: »Und berauscht euch nicht mit Wein, worin Ausschweifung ist, sondern werdet voller Geist« (ELB). Auch hier also keine Verdammung des Alkohols an sich, sondern nur eine ernsthafte Ermahnung, nicht das Maß und den Maßstab zu verlieren.

Doch auch die Bildersprache, die Jesus in seinen Predigten gebrauchte, griff immer wieder auf Wein, Weinberge und Weinstöcke zurück. Erinnert sei hier nur an das Gleichnis von den Weingärtnern oder das Wort, dass neuer Wein nicht in alte Schläuche gehöre. In einem der großen »ICH BIN«-Worte Jesu, die im Johannesevangelium überliefert sind, vergleicht sich Jesus mit dem Weinstock und seine Anhänger mit den Reben. So bringt er die enge Verbindung zu den Menschen, die ihm nachfolgen, zum Ausdruck.

Das letzte Abendmahl

Im letzten Abendmahl, das Jesus vor seiner Kreuzigung mit seinen Jüngern feierte, nahm er den Kelch und sagte: »Dies ist mein Blut des Bundes, das für viele vergossen wird« (Markus 14,24; ELB). Damit wird der Wein zum Symbol des neuen Bundes, den Gott mit uns in Jesus schließt. Er ließ sich für unser verfehltes Leben ans Kreuz schlagen. Gott macht mit uns einen neuen Anfang!

Dieses letzte Abendmahl, das wir uns in der Feier des Herrenmahls vergegenwärtigen, war der Sederabend, der Auftakt zum Passahfest. Es war (und ist) üblich, im Verlauf dieses Abends, bei dem sich die Juden an den Auszug aus Ägypten erinnern, vier Becher Wein zu trinken. Ein Becher aber wird den ganzen Abend nicht angerührt: Es ist der Becher für den wiederkommenden Elia. An einem bestimmten

Punkt der Liturgie wird die Haustür einen Spalt geöffnet, und damit verleiht man der Hoffnung Ausdruck, dass Gott seinen Diener schicken wird, der alles, was auf der Erde im Chaos versinkt, wieder in Ordnung bringen wird. Wenn Jesus beim Abendmahl diesen Becher nahm (und die Anmerkung der synoptischen Evangelien, dass dies *nach* dem Mahl geschah, legt diese Vermutung nahe), bekräftigte er damit seinen Anspruch, der von Gott verheißene Messias zu sein. Und die Tat, mit der er alles, was aus dem Ruder gelaufen war, wieder in Ordnung brachte, war sein Tod am Kreuz, mit dem er alles wegriss, was die Menschheit von Gott trennte.

Worte der Kirchenväter

In den ersten nachchristlichen Jahrhunderten machten sich die Kirchenväter, möglicherweise aus aktuellem Anlass, viele Gedanken um den Weinkonsum. Zu ihnen zählt Thomas von Aquin, der die Frage in seiner *Summa Theologica*, wie es seiner Art entsprach, streng systematisch behandelte. Ein Kostprobe in Kurzfassung folgt hier:

Zweiter Abschnitt des zweiten Teils
Frage 149
Artikel 3
Ob der Weingenuss ganz und gar verboten sei? […]

Einwand 2: Des Weiteren sagt der Apostel (Römer 14,21): »Es ist gut, kein Fleisch zu essen, noch Wein zu trinken, noch etwas zu tun, woran dein Bruder sich stößt.« Nun ist es Sünde, dem Guten der Tugend zu entsagen, wie auch etwas zu tun, an dem sich ein Bruder stoßen könnte. Daher ist es nicht erlaubt, Wein zu trinken. […]

Entgegnung auf Einwand 2: Der Apostel spricht sich nicht einfach dafür aus, sich des Weins zu enthalten, sondern sagt, dass dies in dem Falle gut sei, wo gewisse Leute Anstoß daran nehmen könnten.

Auch andere bedeutende christliche Theologen des Altertums wie etwa Chrysostomus oder Ambrosius diskutierten diese Frage und gelangten zu ähnlichen Schlussfolgerungen. Unterschiedlicher Meinung sind sie nur, wenn es darum geht, die vor allem gefährdete Zielgruppe der Mäßigungsappelle auszumachen. Chrysostomus richtet sich vor allem an Frauen und alte Leute, denn seiner Auffassung nach neigen sie am ehesten zum Laster des übermäßigen Alkoholgenusses, weil sie das Bedürfnis haben sich aufzuwärmen. Ambrosius dagegen betrachtet die Geschichte von Judith und Holofernes und preist die nüchterne Frau, die über den seinen Rausch ausschlafenden Holofernes den Sieg davonträgt. Denn, davon ist Ambrosius überzeugt, Nüchternheit ist eine typische Eigenschaft der Frau, während gerade Männer sich davor hüten sollten, zu viel zu trinken. Wie im Fall von Holofernes könnte es tödlich enden.

Wüste

Paran, Sin, Zin, Sinai, Etam, Kedemot, Juda: All dies sind Wüsten, die in der Bibel erwähnt werden. Die häufige Nennung – über dreihundert Mal kommt der Begriff allein und in verschiedenen Zusammensetzungen in der Bibel vor – legt Zeugnis davon ab, welche Rolle die Wüste für die Mittelmeervölker spielte. Trockenheit, Hitze bei Tag, Temperaturen nahe dem Gefrierpunkt bei Nacht: Die Wüsten jener Breiten sind geradezu ein Sinnbild für Entbehrung und lebensfeindliche Bedingungen.

Das zweite bis fünfte Buch Mose, der Bericht von der Wüstenwanderung nach dem Auszug aus Ägypten, unterstreicht immer wieder die vielfältigen Schwierigkeiten, sei es nun Wasser- oder Nahrungsmangel. Einige hundert Jahre später nimmt der Prophet Jesaja ein sinnfälliges Bild zu Hilfe, um das Eingreifen Gottes zu verdeutlichen: Die Wüste wird zum Fruchtgarten (Jesaja 32,15), Wasser brechen in der Wüste hervor (35,6). Wo vorher nichts wuchs, findet man nun fruchtbares Land.

Andererseits wird die Wüste in der Bibel gedanklich nicht nur mit Unfruchtbarkeit und lebensfeindlichen Bedingungen verknüpft, sondern auch mit dem Rückzug aus dem Lärm des Alltags und der Rückbesinnung auf Gott. Entscheidende Prozesse nehmen in der Wüste ihren Lauf. Die Wüstenwanderung der Israeliten war eben nicht nur eine beschwerliche vierzig Jahre andauernde Irrfahrt. Hier wurde ihnen das Gesetz gegeben, hier bauten sie ihren ersten transportablen Tempel, die Stiftshütte, hier wurde der Grund zu ihrer Identität als Volk Gottes gelegt.

Auch Elia machte in der Wüste entscheidende Erfahrungen. Eigentlich war er in die Wüste gegangen, weil er nur noch sterben wollte. Er war an einem absoluten Tiefpunkt angekommen. Zwar hatte er den Kampf gegen die Baalspriester gewonnen, doch Isebel, die ihrem Mann beim Regieren des Königreichs Israel gerne und oft unter die Arme griff, hatte ihm darauf eine ernst zu nehmende Morddrohung zukommen lassen. Nun saß er dort in der Wüste, ganz allein unter einem Ginsterstrauch. Er war am Ende. Und gerade in dieser Situation spricht Gott zu ihm. Brot und Wasser stehen auf einmal vor ihm, und nachdem er sich gestärkt hat, wandert er vierzig Tage (auch das eine höchst symbolschwangere Zahl, vergleichbar mit den vierzig Jahren), um von Gott einen neuen Auftrag entgegenzunehmen.

Diese vierzig Tage klingen auch in einem Bericht des Matthäusevangeliums an: Diese Zeit verbrachte auch Jesus in der Wüste, um sich auf sein öffentliches Wirken vorzubereiten, ohne etwas zu essen und zu trinken (Matthäus 4).

Die Wüstenväter

Inspiriert von diesem Bibeltext zogen sich im dritten und vierten Jahrhundert manche Mönche durch die vom römischen Kaiser Diokletian inszenierten Christenverfolgungen in die Wüste zurück. Diese sogenannten Wüstenväter oder Anachoreten suchten dort nicht nur Sicherheit, sondern pflegten einen asketischen Lebensstil. Ihre Worte, die sogenannten Apophthegmata Patrum, wurden von ihren Schülern gesammelt. Der erste und bekannteste Wüstenvater war Antonius der Große, der um 300 lebte. Auch einige wenige Frauen wählten ein Leben in der asketischen Abgeschiedenheit der Wüste.

Zahlen

Ein gebildeter Mensch muss über Kunst, Literatur und Musik Bescheid wissen, kommt zur Not jedoch auch ohne Mathematik aus, so die landläufige Meinung. Noch nie von Shakespeare oder Mozart gehört zu haben, bedeutet den gesellschaftlichen Tod – wobei es wie immer im Leben allerdings besser ist, sich an ihren Werken zu freuen, statt nur mit überlegenen Kenntnissen zu protzen. Dagegen kann man sich auch in besseren Kreisen ohne Smalltalk über Cantor (dem wir die berühmt-berüchtigte Mengenlehre verdanken) durchaus parkettsicher bewegen, Gleiches gilt für Galois (der bahnbrechende Arbeiten zur Algebra veröffentlichte und heute vielleicht etwas berühmter wäre, wenn er nicht im zarten Alter von zwanzig Jahren bei einem Duell umgekommen wäre). Auch das Leben mancher Mathematiker bietet also genügend dramatischen Stoff. Zu ihnen gehört gewiss Pythagoras, um 570 v.Chr. geboren, der nicht nur selbst Mathematik trieb, sondern auch Schüler um sich sammelte und sie in einem Geheimbund organisierte. Ihnen war es streng verboten, Forschungsergebnisse nach außen zu tragen – vielleicht die beste Möglichkeit, andere Menschen für diese Wissenschaft zu begeistern. Von Pythagoras ist der Satz überliefert: »Alles ist Zahl.« Damit drückte er seine Überzeugung aus, dass dem gesamten Universum ein Ordnungsprinzip zugrunde liegt, das auf dem Verhältnis natürlicher Zahlen (also eins, zwei, drei und so weiter) basiert. Schon einer seiner Schüler wies übrigens nach, dass die Sache doch nicht ganz so einfach lag, aber Pythagoras ließ sich davon nicht beirren. Bei der grundlegenden Bedeutung dieser Zahlen lag es nahe, ihnen auch eine symbolische Deutung zuzuschreiben, und in der Tat verfuhr Pythagoras so mit den Zahlen zwischen eins und zehn. Somit hingen Rechnen und Zahlensymbolik eng zusammen, als die Mathematik noch in den Kinderschuhen steckte. Dass Pythagoras das Universum für leichter durchschaubar hielt, als es wirklich ist, sollte nicht sein einziger Irrtum bleiben: Im Brustton der Überzeugung verkündete er (denn er beschäftigte sich neben der Mathematik auch mit Philosophie), dass die Seele eines Menschen in einer Bohne wiedergeboren werden könne und es daher einem Mord gleichkäme, diese Hülsenfrüchte zu essen.

Nicht nur in dieser Frage ist die Bibel anderer Meinung. Sie erkennt auch nicht die Zahlen als Ordnungsprinzip des Universums an. Die ordnende Macht ist und bleibt Gott. Trotzdem schwingt in vielen biblischen Zahlenangaben eine symbolische Bedeutung mit. Alle auszuloten würde den Rahmen sprengen, doch hier folgen einige der wichtigsten:

Eins

Hier setzt uns schon die Sprache auf die richtige Fährte – die Eins bezeichnet die Einzigartigkeit Gottes. Fromme Israeliten beteten und beten bis heute das *Schma Jisrael*: »Höre, Israel: Der HERR ist unser Gott, der HERR allein« (ELB), oder mit einer anderen Übersetzungsmöglichkeit: »Der HERR, unser Gott, ist der einzige HERR« (5. Mose 6,4; NL). Wo andere Völker Götzen verehrten, die nur regional Geltung besaßen und auch nur für einen bestimmten Zuständigkeitsbereich verantwortlich waren, etwa Krieg, Fruchtbarkeit oder Wetter, betete Israel – in seinen besten Zeiten – nur den einen Gott an, der eben kein Gott unter anderen ist, sondern derjenige, der Himmel und Erde geschaffen hat und das gesamte Universum beherrscht.

Daneben bezeichnet die Eins die Einheit unter Christen – sie sind *ein* Leib mit vielen Gliedern, eben weil sie dem einen Herrn gehören. Auch für die Ehe wird schon auf den ersten Seiten der Bibel die Bezeichnung *ein* Fleisch gebraucht – eine untrennbare Einheit.

Zwei

Eins und eins macht zwei – zwei Menschen sind die kleinste denkbare Gruppe, und manches, was einer allein nicht schafft, kann zu zweit bewältigt werden: »Ein Einzelner kann leicht von hinten angegriffen und niedergeschlagen werden; zwei, die zusammenhalten, wehren den Überfall ab« (Prediger 4,12; NL). Nicht umsonst sandte Jesus siebzig (nach anderer Überlieferung zweiundsiebzig) Jünger in Zweiergruppen aus. Und nicht umsonst wird der Vers aus dem Predigerbuch gerne als Trauspruch gewählt. Mann und Frau können sich in der Ehe wunderbar ergänzen. Doch Vorsicht! Dieser Dualismus von Mann und Frau, einem Paar, das sich aus völlig unterschiedlichen Menschen zusammensetzt, ist kein Abbild eines kosmischen Dualismus zwischen Gott und Satan, wie es in manchen Religionen aufgefasst wird. Gott ist alleine Herr des Universums, er wird nicht erst durch einen Gegenpol zu einem vollständigen Gott. Diese Art zu denken ist der Bibel völlig fremd.

Drei

Die Drei wird in der Bibel mit der Dreieinigkeit in Verbindung gebracht – obwohl der Begriff im Neuen Testament nicht auftaucht, wohl aber die Sache selbst: Vater, Sohn und Heiliger Geist. In einem Satz werden sie in Matthäus 28,19 genannt: »Geht nun hin und macht alle Nationen zu Jüngern, und tauft sie auf den Namen des Vaters und des Sohnes und des Heiligen Geistes« (ELB). Die Mauer des neuen Jerusalem, wie es in der Offenbarung geschildert wird, hat nach jeder Himmelsrichtung drei Tore, und auch die Abmessungen der Stadt sind in allen drei Dimensionen gleich: 12 000 Stadien in der Länge, Breite und Höhe.

Vier

Vier Himmelsrichtungen gibt es auf unserer Erde; die Bibel spricht hier, wie etwa in Jesaja 11,12, von den »vier Enden der Erde« (ELB).

Daniel sieht in einer Vision vier Tiere aus dem Meer steigen, die für vier Weltreiche stehen, und einen Panther mit vier Flügeln und vier Köpfen. Damit steht die Zahl Vier für die bewohnte Erde und den Menschen.

Fünf

Jesus erzählt in einem Gleichnis von fünf klugen und fünf törichten Jungfrauen und stellt damit die Menschheit in ihrer Weisheit – nämlich der lebendigen Beziehung zu Gott und seinem Sohn Jesus Christus – und in ihrer Begrenzung dar, wenn sie diese Beziehung nicht pflegt und lebendig erhält.

Sechs

Wie Gott die Welt in sechs Tagen erschuf, so soll auch der Mensch sechs Tage in der Woche arbeiten. Die Sechs steht also für das, was der Mensch schaffen kann, doch auch für die Mühe und Vergeblichkeit seines Tuns. Zwar hat sich die Arbeitswelt seit biblischer Zeit radikal verändert, doch auch heute noch erkranken viele Menschen, weil sie sich im Beruf überfordert fühlen, sterben sogar an den Folgen; und was die Mühe und Vergeblichkeit des Daseins betrifft, so hat sich die Palette der sinnlosen Berufe, die keinem Menschen wirklich nützen, seit dem Altertum wohl eher vergrößert. Übrigens ist die Sechs mathematisch betrachtet die erste sogenannte vollkommene Zahl, das heißt, sie setzt sich aus der Summe ihrer Teiler zusammen. Sechs lässt sich durch 1, 2 und 3 teilen, und addiert ergeben die drei Zahlen wiederum die Sechs. Diese Eigenschaft veranlasste den Kirchenvater Augustinus zu der etwas gewagten Theorie: »Die Sechs ist in sich selbst eine vollkommene Zahl, und nicht weil Gott alle Dinge in sechs Tagen erschaffen hat; eher ist das Umgekehrte wahr; Gott erschuf alle Dinge in sechs Tagen, weil diese Zahl vollkommen ist. Und sie würde vollkommen bleiben, auch wenn das Werk der sechs Tage nicht existierte.«

Der Gipfel der menschlichen Bosheit wird in der Offenbarung durch drei hintereinandergestellte Sechsen symbolisiert. Viele Generationen lang machte man sich Gedanken, wer genau denn hier gemeint sei. Je nach System – denn im hebräischen wie auch im lateinischen Alphabet können die Buchstaben auch für Zahlen stehen – kam man auf verschiedene historische Persönlichkeiten, die man mit dem Antichristen identifizierte. Das alles führt jedoch ins Reich der Spekulation. Festzuhalten bleibt hier lediglich, dass die Furcht vor der 666 die nicht minder Furcht erregende Bezeichnung Hexakosioihexekontahexaphobie trägt.

Sieben

Kaum eine Zahl ist im biblischen Denken so symbolträchtig wie die Sieben: Sieben Tage hat die Woche (und diese Symbolik hat sich ganz handgreiflich bis in unsere Gegenwart erhalten); von den reinen Tieren sollte Noah je sieben auf die Arche nehmen; sieben Jahre leistete Jakob seinem Onkel Laban Dienste, um seine Tochter Rahel zu ehelichen (und als ihm in der Hochzeitsnacht die falsche Tochter untergeschoben wurde, legte er noch einmal sieben Jahre drauf). Der siebte Tag der Woche, der Sabbat, ist ein Ruhetag, an dem sich die Menschen von der Arbeit erholen und ihren Sinn auf Gott richten sollen. Darüber hinaus galt jedes siebte Jahr als Sabbatjahr, in dem man dem Acker eine Ruhepause gönnen sollte. Eine noch radikalere Einrichtung war das sogenannte Jobeljahr: Nach Ablauf von sieben mal sieben Jahren, also im fünfzigsten Jahr, ging alles Eigentum an seinen ursprünglichen Eigentümer zurück, womit verhindert werden sollte, dass sich Einzelne so sehr bereicherten, dass den Armen nichts mehr zum Leben blieb. Die entsprechende Vorschrift findet man zwar in 3. Mose 25, doch wurde diese Anweisung, soweit wir wissen, in Israel niemals in die Tat umgesetzt.

Hesekiel gibt die Anweisung Gottes weiter, während des siebentägigen Passahfestes jeden Tag sieben Stiere und sieben Widder als Opfer darzubringen. In der Offenbarung ist von sieben Siegeln die Rede, auch dies eine Wendung, die sich, wenn auch in abgewandelter Bedeutung bis heute erhalten hat, sowie von sieben Posaunen und sieben Zornesschalen. Sieben Gemeinden erhalten ein Sendschreiben und inmitten des Thrones Gottes steht ein Lamm mit sieben Augen und sieben Hörnern. Dem Volk Israel wurde während der Wüstenwanderung aufgetragen, einen siebenarmigen Leuchter für das Heiligtum zu fertigen – eine Form, die sich bis heute erhalten hat. In jeder Synagoge steht noch heute eine Menorah, eine besonders große Ausführung kann man auf dem Platz vor der Knesset, dem israelischen Parlament, in Jerusalem bewundern. So ist die Sieben die Zahl Gottes, sie steht für seine Vollkommenheit und Größe.

Acht

Die Acht steht für einen Neuanfang. Acht Menschen wurden in der Arche gerettet, am achten Tag fängt eine neue Woche an, und neugeborene jüdische Jungen werden am achten Lebenstag beschnitten. Das jüdische Chanukkahfest dauert acht Tage. Es geht auf eine Erzählung im deuterokanonischen ersten Makkabäerbuch zurück und erinnert an die Wiedereinweihung des zweiten jüdischen Tempels, nach jüdischer Zählung im Jahr 3597 (164 v.Chr.). Wenn man der Überlieferung Glauben schenken mag, reichte der Ölvorrat nur noch für einen Tag, dann aber brannte die Lampe im Tempel volle acht Tage. Daher hat der Chanukkahleuchter acht Arme (und einen zusätzlichen Arm für die sogenannte Dienerkerze, mit der man die anderen acht entzündet), und zum Chanukkahfest wird jeden Tag eine neue Kerze entzündet, bis schließlich alle acht leuchten.

Neun

Die Neun gehört in der Bibel zu den weniger symbolträchtigen Zahlen. Wenn man sie, so wie im kleinen Einmaleins, als 3 x 3 auffasst, sozusagen die göttliche Zahl im Quadrat, kann man sie als Ausdruck höchster Vollendung verstehen. Wenn man einmal nachzählt, wird man tatsächlich neun Seligpreisungen Jesu finden (Matthäus 5) und auch neun Früchte des Heiligen Geistes (Galater 5,22). Ob man diese Zählerei nun schon als fruchtlose Symboljagd betrachtet oder nicht, sei dem persönlichen Empfinden anheimgestellt.

Unbedingt muss an dieser Stelle auch die Zahl 153 als ein Vielfaches von neun erwähnt werden. Ein einziges Mal kommt sie in der Bibel vor, nämlich in Johannes 21,11: »Da ging Simon Petrus hinauf und zog das Netz voll großer Fische, hundertdreiundfünfzig, auf das Land; und obwohl es so viele waren, zerriss das Netz nicht« (ELB). Eine interessante Zahl. Wahrscheinlich glaubte man damals, dass es genau 153 Fischarten gebe, und so bezeichnet die Zahl an dieser Stelle Fische in Hülle und Fülle. Zum anderen war die Zahl für Numerologen (Zahlenmystiker) interessant. Denn wenn man alle Zahlen von eins bis siebzehn addiert, kommt man genau auf dieses Ergebnis. Außerdem ist 153 gleich 1!+2!+3!+4!+5! (Das Ausrufezeichen steht für den mathematischen Begriff *Fakultät*.) Und schließlich gilt $153=1^3+5^3+3^3$. Dieses hübsche Rechenexempel funktioniert mit keiner anderen dreistelligen Zahl, Sie dürfen es gerne nachrechnen.

Zehn

Zehn Gebote gab Gott dem Volk Israel. Damit steht die Zahl für die Verpflichtung des Menschen gegenüber Gott und seinen Mitmenschen. Auch die Zehn eignet sich hervorragend als Jagdgrund für die Symbolsuche. Denn wenn man das Spiel noch etwas weitertreiben will, kann man darauf hinweisen, dass ein gesunder Mensch zehn Finger hat, um damit verantwortlich zu handeln, und zehn Zehen, um damit verantwortliche Schritte zu gehen. Die zehn Finger sind im Übrigen auch maßgeblich dafür verantwortlich, dass wir heute im Zehnersystem rechnen – da lassen sich die Ergebnisse am leichtesten an den Fingern ablesen.

Im jüdischen Gemeindeleben spielt die Zehn noch heute eine ganz handgreifliche Rolle, denn ein jüdischer Gottesdienst oder die tägliche Morgenandacht kann nur abgehalten werden, wenn mindestens zehn Männer versammelt sind, der sogenannte Minjan (in den reformierten Synagogen lässt man auch Frauen gelten).

Zwölf

Zwölf Stämme hatte das Volk Israel, zwölf Jünger sammelte Jesus um sich, zwölftausend Stadien misst das neue Jerusalem in der Länge, der Breite und der Höhe, ihre Mauern 144, also zwölf mal zwölf Ellen, der Baum des Lebens in Gottes neuer Stadt bringt zwölfmal im Jahr Frucht. So spielt die Zwölf (die ja das Produkt aus drei mal vier ist) dort eine tragende Rolle, wo Gott (siehe *Drei*) seine Herrschaft über die Menschen (siehe *Vier*) ausübt.

Vierzig

Vierzig Tage fiel prasselnder Regen auf die Arche, vierzig Jahre wanderte das Volk Israel durch die Wüste, vierzig Tage wurde das Land Kanaan von den Kundschaftern durchstreift, vierzig Tage fastete Jesus in der Wüste, um sich auf sein öffentliches Wirken vorzubereiten, und vierzig Tage verstrichen zwischen Jesu Auferstehung und seiner Himmelfahrt. Die Zahl Vierzig symbolisiert oft eine Zeit harter Prüfungen. In der frühen Kirche setzte man die Fastenzeit vor dem Passionsgeschehen auf vierzig Tage an, je einen Tag für jede Stunde, die Jesus im Grab war.